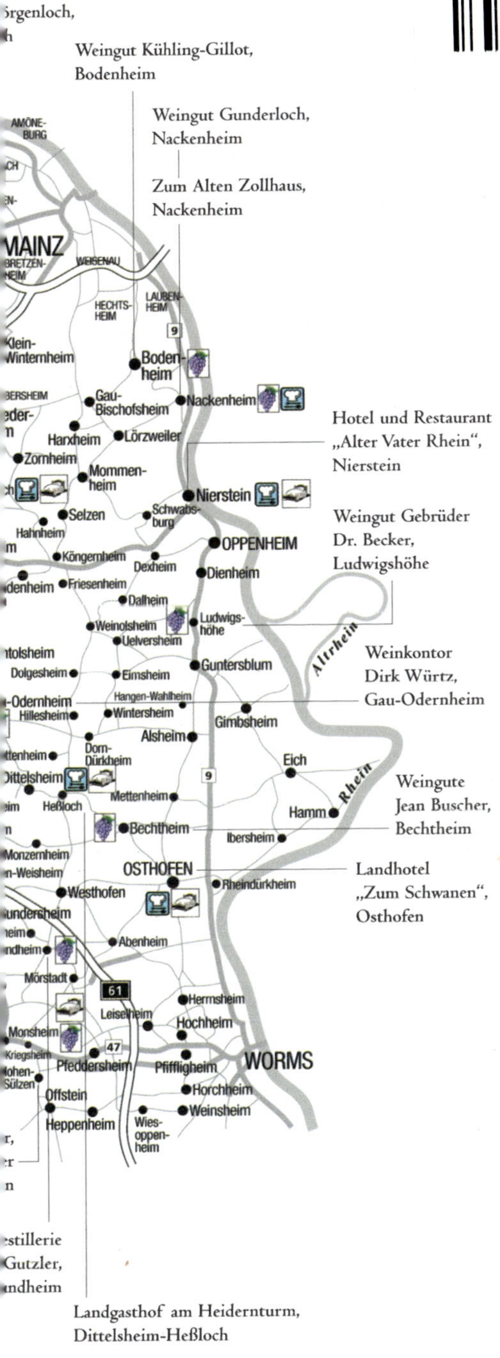
Weingut Kühling-Gillot,
Bodenheim
Weingut Gunderloch,
Nackenheim
Zum Alten Zollhaus,
Nackenheim
Hotel und Restaurant
„Alter Vater Rhein",
Nierstein
Weingut Gebrüder
Dr. Becker,
Ludwigshöhe
Weinkontor
Dirk Würtz,
Gau-Odernheim
Weingute
Jean Buscher,
Bechtheim
Landhotel
„Zum Schwanen",
Osthofen
Landgasthof am Heiderntum,
Dittelsheim-Heßloch
MAINZ
WEISENAU
HECHTS-HEIM
LAUBEN-HEIM
Klein-Winternheim
Boden-heim
Gau-Bischofsheim
Nackenheim
Harxheim
Lörzweiler
Zornheim
Mommen-heim
Nierstein
Selzen
Schwabs-burg
Hahnheim
OPPENHEIM
Köngernheim
Dexheim
Dienheim
Friesenheim
Dalheim
Weinolsheim
Uelversheim
Ludwigs-höhe
Altrhein
Dolgesheim
Eimsheim
Guntersblum
Hangen-Wahlheim
Hillesheim
Wintersheim
Gimbsheim
Alsheim
Dorn-Dürkheim
Eich
Mettenheim
Heßloch
Hamm
Rhein
Bechtheim
Ibersheim
Monzernheim
OSTHOFEN
Rheindürkheim
Westhofen
Abenheim
Mörstadt
61
Herrnsheim
Leiselheim
Hochheim
Monsheim
47
Kriegsheim
Pfeddersheim
Pfiffligheim
WORMS
Offstein
Horchheim
Weinsheim
Heppenheim
Wies-oppen-heim
9

Monika Becht

Weinland Rheinhessen

Die schönsten Weingüter, Landgasthöfe und Ausflugsziele

SOCIETÄTSVERLAG

Satz: Nina Fischer, Societäts-Verlag
Druck und Verarbeitung: freiburger graphische betriebe
Umschlaggestaltung: Nicole Proba, Societäts-Verlag
Karten: MeKi Landkarten GmbH
Karte Vorsatz: Rheinhessenwein e.V.
Printed in Germany 2005
ISBN 3-7973-0936-8

Inhaltsverzeichnis

1. Die Region

2. Weingüter, Landgasthöfe und Touren

1. Die Region

Rheinhessen – ein Erlebnis

Sie wissen noch immer nicht, wo Rheinhessen eigentlich genau liegt? Dann ist es höchste Zeit, das zu ändern. Ich möchte Sie mit diesem Wein- und Kulturführer auf eine kleine Reise mitnehmen und Sie mit einer Weinregion bekannt machen, die ein Erlebnis nicht nur für den Gaumen ist. Das Gebiet, das sich zwischen Bingen, Mainz und Worms in unendlichen Rebenfeldern erstreckt, ist seit einiger Zeit im Aufbruch. Seit etwa zehn Jahren findet ein Generationenwechsel in den Weingütern statt, der diese Weinregion in Bewegung gebracht hat. Die jungen Winzer sind dabei, Rheinhessen aus seinem Dornröschenschlaf zu erwecken und seinen Weinen wieder überregionale und internationale Geltung zu verschaffen.

Das größte Weinanbaugebiet Deutschlands ist mit 26 171 ha (zum Vergleich die Nachbarregionen: die Pfalz 23 394 ha, der Rheingau 3 167 ha) ein Paradies für Weineinsteiger *und* Weinkenner. Die für ihre Experimentierfreudigkeit bekannten Winzer haben mit ihren über 30 verschiedenen Rebsorten – immer auf der Suche nach anpassungsfähigen Reben, die hohe Mostgewichte haben und frostunanfällig reifen – eine beeindruckende Vielfalt an Weinen hervorgebracht. Die Weiß- und Rotweine liefern eine große Bandbreite von Geschmacksrichtungen und Qualitäten, von guten Schoppenweinen bis zu erlesenen

Spitzengewächsen – für den Neueinsteiger viele Möglichkeiten, den Wein zu finden, der zu ihm passt. Der erfahrene Weintrinker dagegen wird – sofern er bereit ist, alte Vorurteile über Bord zu werfen – sehr bald erkennen, dass Rheinhessen besser ist als sein Ruf.

Die Landschaft

Der Reiz von Rheinhessen liegt in der Vielfalt der Landschaftsformen. Im Norden und Osten wird die Region vom Rhein umschlossen. In der Gegend um Bingen und an der Rheinterrasse von Mainz bis Worms finden wir steile Hänge entlang des Rheins, während der Wonnegau und das Rheinhessische Schweiz genannte Hügelland mit sanften Erhebungen und unberührter Natur ein südliches Flair ausstrahlen.

Für den Newcomer erscheint Rheinhessen jedoch erst einmal wie ein Buch mit sieben Siegeln. Wenn Sie an einem Sonntag mit dem Auto oder Fahrrad in der Region unterwegs sind, werden Sie sich über die freien Straßen wundern: Ja wo sind denn die Rheinhessen? Wahrscheinlich führen sie – wenn sie sich nicht ausnahmsweise von der harten Woche ausruhen – gerade eine Weinprobe durch, bei der Sie jetzt dabei sein könnten. Wenn Sie dann durch das Meer von Rebfeldern fahren oder wandern, den weiten Himmel über sich, sehen Sie plötzlich auf irgendeiner Anhöhe Ihnen zuprostende Weinwanderer und geraten selbst in Stimmung. Sie gelangen in Dörfer, die Sie an Frankreich erinnern, erleben an manchen Ecken das Stillleben einer Landschaft, die immer wieder mit der Toskana verglichen wird: endlose Weite, auf den Hügeln da und dort eine Reihe schlanker, hoch gewachsener Bäume.

Vielleicht wundern Sie sich über die geschlossenen Höfe und darüber, dass man in manchen Gegenden nirgendwo einen Gasthof findet, in dem man auch schon mittags essen kann. Verwöhnt durch andere Weingebiete, die dem Gast weitaus offensiver begegnen, fragen Sie sich, ob Sie das nächste Mal besser Ihr eigenes Picknick mitbringen. Mit ein bisschen Initiative, freundlicher Erkundung und meinen Tipps werden sich Ihnen jedoch Türen und Tore öffnen, und Sie werden ein sehr gastfreundliches und weltoffenes Völkchen kennen lernen, das Ihnen mit Begeisterung und Herzlichkeit seine besten Weine und Leckereien vorstellt.

Die Schätze von Rheinhessen erschließen sich erst auf den zweiten Blick. Man muss hinter die Kulissen schauen

Weinbergweg in Nackenheim

wollen, sich ein bisschen Zeit nehmen, um die Vielfalt der Landschaftsformen und die Eigenheiten der Rheinhessen kennen zu lernen. Und dann machen Sie entweder sofort kehrt und fahren dahin zurück, woher Sie gekommen sind, oder dieser Fleck wird Sie nicht mehr loslassen. Dazwischen gibt es nichts.

Wenn Sie bleiben, können Sie sich im Nu wie im Urlaub fühlen: Hier schütteln Sie den Staub des Alltags ab, begeben sich auf ungewohntes Terrain und genießen ganz ohne Hektik, was Landschaft, Wein und Küche Ihnen bieten – und das mitten in Deutschland. Ein paar feste Schuhe sollten Sie vorsichtshalber immer im Kofferraum haben, denn überall führen Wege durch die wunderbaren Weinberge, um nach dem Genuss von gutem Wein den Kopf zu lüften.

Mehr Sein als Schein

Wenn Sie – nach der Devise „Weniger ist mehr" – ein Kontrastprogramm zu Autolärm, Menschentrauben und Tourismushochburgen suchen, dann finden Sie hier ein kleines Paradies vor. Rheinhessen bietet nicht viele Burgen, hochherrschaftliche Schlossanlagen oder trendige Hip-Lokale. Nichts, was man so eben à la „Schöner Reisen" abfahren könnte. Gott sei dank halten die großen Busse immer noch auf der anderen Rheinseite. Das ist so gewollt: Tourismus ja, aber „sanft", in natürlicher Verbindung mit den Winzern, die dem Reisenden helfen, sich die Landschaft zu erschließen. Oder ihm gute Unterkünfte bieten. Das Dienstleistungszentrum Rheinhessen in Oppenheim unterstützt die Weingüter mit einem vielseitigen Fortbildungsprogramm dabei, den Gästen die Region nahe zu bringen. Und so finden Sie überall verteilt Begleiter, die Ihnen die Besonderheiten von Rheinhessen zeigen: Kräuterwege, Bauerngärten, die einzigartigen Kreuzgewölbe, Hohlwege, Wander-Fahrradwege, Pilgerpfade und Picknickplätze sowie Kulturhistorisches in den Dörfern, Kulinarisches und Literarisches.

Rheinhessen ist etwas für stille Genießer, die das allzu Laute und Schrille scheuen und sich in harmonischer Umgebung wohl fühlen. Hier lernen Sie, sich nicht von Äußerlichkeiten blenden zu lassen. Sie können in einen Gasthof kommen, wo, was das Interieur angeht, die Zeit in den 60er Jahren stehen geblieben scheint, die Küche dagegen frech und modern ist wie in einem Trendlokal in Hamburg oder München. Dann wieder kommen Sie an wunderschönen restaurierten Höfen vorbei, wo alles stimmt – fast. Küche und Einrichtung sind bodenständig oder mediterran, aber selten

Rebhänge am Roten Hang

konsequent durchgestylt, weil am Ende und in der Eile der pragmatische Winzer oder Gastwirt dann doch an irgendeiner Stelle lieber zum Plastikschild vom Baumarkt greift, als auf das gusseiserne zu warten. Für Gäste in Urlaubslaune sind das allerdings „peanuts“ und eher liebenswerte Eigenheiten. Schließlich haben die 4000 Betriebe – davon 2000 Weingüter im Vollbetrieb – alle Hände voll zu tun und Wichtigeres im Sinn, als sich um das „Dekor“ zu kümmern: Sie wollen vor allem guten Wein produzieren.

Die Rebsorten

Die rheinhessischen Winzer waren schon immer experimentierfreudig. Nirgendwo findet man so viele verschiedene Rebsorten wie hier. An der Spitze steht der Müller-Thurgau mit einem Viertel der Anbaufläche. Ihm folgt der Riesling. An dritter Stelle steht der Silvaner, ein Klassiker, der jedoch lange Zeit nicht mehr im Trend lag und jetzt sein Comeback feiert: Rheinhessen verfügt über die größte Silvaneranbaufläche der Welt. Darüber hinaus findet man Rebsorten wie Kerner, Scheurebe, eine Kreuzung aus Riesling und Silvaner, oder die neue Regent, bekannt als eine sehr widerstandsfähige Rebe. Rheinhessen ist zwar überwiegend Weißweinland, aber der Rotweinanteil hat sich in den letzten Jahren auf 32 % erhöht und somit seit 1990 verdreifacht. Allen voran der Dornfelder mit 42 %, der Portugieser mit 22 % und der Spätburgunder mit 15 %. Nennenswert sind neben der neuen Regent mit 9 % noch die Rebsorten St. Laurent und Merlot. Auch bei den Weinen gibt es

Trends. Wie gesagt ist der Silvaner im Kommen, auch wenn er auf manchen Weinkarten nicht zu finden ist. Dieser Wein ist als Begleiter der Speisekarte sehr anpassungsfähig und daher vielseitig verwendbar.

Momentan sind die deutschen Weine im Aufwind, weil alle Welt plötzlich Riesling trinkt – und zwar von trocken bis edelsüß. Spannend daran ist, dass der Riesling, der übrigens in Rheinhessen weniger Säure enthält als in benachbarten Regionen, eine Vielzahl von Geschmacksnuancen entfaltet, je nachdem, auf welchem Boden er wächst. Ein Riesling auf Schieferboden schmeckt anders als einer, der auf Quarzitboden gedeiht. Die unterschiedlichen Böden in Rheinhessen – von Lösslehm über Kalk bis Quarzit und Schiefer – bringen ganz unterschiedliche Charaktere von Weinen hervor, was für alle Rebsorten gilt.

Das „Terroir"

In diesem Zusammenhang begegnet häufig der Begriff „Terroir", der eigentlich in Frankreich zu Hause ist, aber in der Weinliteratur seit vielen Jahren diskutiert und auch „strapaziert" wird. Die Diskussion um „Terroir" ging in Rheinhessen vor allen von dem Verband der Prädikatsweingüter (VDP) aus und hat ein neues Verständnis eröffnet für die Faktoren, die für einen guten Wein verantwortlich sind: die physiologischen, wie die Lage, die Böden, das Mikroklima und die Reben, sowie die handwerklichen und psychologischen, wie die Arbeit des Winzers, seine Haltung und Einstellung dazu. Ein ganzheitliches Modell also.

Der Weinexperte Hugh Johnson schreibt in seinem Atlas der französischen Weine: „Das Land selbst wählt die Frucht, die ihr am besten ansteht." Es gibt jedoch unterschiedliche Meinungen dazu, wie eng oder wie weit „Terroir" interpretiert werden sollte in Bezug auf den Wirkungsgrad von Mensch und Natur. In welchem Maße soll der Winzer steuern, kontrollieren, manipulieren? Was ist die besondere Handschrift des Winzers in diesem Prozess? Vor 20 Jahren war man noch der Meinung, die entscheidende Schlacht sei im Keller zu schlagen. Heute entscheidet sich die Qualität im Weinberg. Der Oechslegrad, d.h. die Mostgewichte sind nicht mehr

Rehe im Weinberg am Roten Hang

allein ausschlaggebend für die Güte des Weines, sondern auch der Zeitpunkt der Lese.

Hier hat ein großes Umdenken stattgefunden – oder soll man es Rückbesinnung nennen, weil die Arbeit im engen Einklang mit der Natur ein Stück weit verloren gegangen war? Die heutigen Winzer setzen alles daran, die natürlichen Kräfte und Qualitäten ihrer Böden zur maximalen Entfaltung zu bringen. Was auch dazu führt, dass sie sich wieder mehr mit der besonderen Beschaffenheit ihres „Terroir“ beschäftigen. Im Großen und Ganzen stärkt diese Diskussion die Profilentwicklung und Wertschätzung einer Region wie Rheinhessen.

Nimmt man diese Gegebenheiten alle zusammen, kommt man zu der Erkenntnis, dass natürlich jeder Jahrgang auch ein Unikat ist, weil er – je nach klimatischen Veränderungen – wieder anders schmecken kann als der Vorgänger. Die Crux ist, dass die Konsumenten (und auch manche Winzer) aber genau den Wein wieder erkennen (und schmecken) wollen, der ihnen auch im Vorjahr schon gemundet hat. Und dann soll sich der deutsche Wein auch noch mit den ausländischen messen lassen können. Ein deutscher Riesling ist jedoch nie so uniform wie ein Chardonnay, der mittlerweile überall auf der Welt sehr ähnlich schmeckt. Und gerade das ist ja das Besondere am Riesling, dass er nicht einfach kopierbar ist, weil diese Rebe am besten in Deutschland gedeiht. Die Önologin Dr. Ute Michalsky mit Weinlabor in Nierstein bestärkt die Winzer darin, sich zu den Besonderheiten ihrer Weine zu bekennen, statt mit dem Strom zu schwimmen.

Klimatisch bietet Rheinhessen mit seinen milden Wintern und warmen Sommern exzellente Voraussetzungen für den Weinanbau. Die Sonneneinstrahlung ist hier überdurchschnittlich hoch. Nach Freiburg liegt Oppenheim mit 9,9 Grad Celsius an zweiter Stelle der wärmsten Städte in Deutschland.

Die neue Harmonie im Wein

Neuerdings ist wieder die Rede von Harmonie im Wein. Gemeint ist damit das Verhältnis von Säure, Süße und dem Alkoholgehalt – das auch mit dem Begriff „Mundgefühl" umschrieben wird. Vor über zehn Jahren zeigten sich die deutschen trockenen Weine mit nur 0 bis 4 Gramm Restsüße noch sehr streng. Süß war lange Zeit nicht „chic" und Spät- und Ausleseweine trank der durchschnittliche Weintrinker eher zu Großmutters Geburtstag. Auch den halbtrockenen Weinen haftete immer etwas von „Kaffeekränzchen" an.

Inzwischen wird mit mehr Süße experimentiert, weil sie die Weine verträglicher macht, und sogar die ehemaligen Hardliner unter den Trockentrinkern verlangen nach milderen Weinen. Da die Bezeichnung „süß" allerdings immer noch verpönt ist, haben die Winzer unterschiedliche Bezeichnungen gefunden, in dem Versuch, Geschmacksrichtungen differenzierter zu beschreiben. Süß ist nicht gleich süß, sondern feinherb, lieblich oder halbtrocken und zeigt sich in Variationen mit einer Restsüßenbreite zwischen 8 und 18 Gramm. Die Menge an Restsüße, also der Zuckeranteil, der nach abgeschlossener Gärung im Wein zurückbleibt, insbesondere das Alkohol-Rest-

zucker-Verhältnis, ist gesetzlich geregelt. Ein trockener Wein darf in Deutschland maximal 9 Gramm Restsüße besitzen. Ein gewisser Restzuckergehalt gibt vor allem dem säurereichen Wein eine angenehme Abrundung.

Die Liebfrauenmilch, der legendäre Wein, der seit den 60er Jahren vor allem im Ausland einen hohen Bekanntheitsgrad als lieblicher deutscher Wein erworben hat, hat eine interessante Geschichte.

Sie beginnt Anfang des 16. Jahrhunderts bei den Kapuzinermönchen in der Wormser Liebfrauenkirche. Worms war damals eine der bedeutendsten Städte des Reiches, Umschlagplatz von Waren und Station der Spanien-Pilger. Den Berichten zufolge soll der liebliche Wein wie die Milch Unserer Lieben Frau, der Gottesmutter

Maria, geschmeckt haben. Der Markenname „Liebfrauenmilch“ war geschaffen und wurde über die geistlichen Stiftsherren schnell in die weite Welt getragen. Die Erfolgsstory nahm vollends ihren Lauf, als die englische Königin Victoria 1840 einen Sachsen heiratete, Prinz Albert von Sachsen-Coburg-Gotha, der bei Hof auf seinen deutschen Rheinwein nicht verzichten wollte und ihn als „Hock“ einführte. Die Marke Liebfrauenmilch war jedoch nicht geschützt und daher bediente sich jeder des berühmten Namens, was natürlich zu sehr unterschiedlichen Qualitäten führte. Nach dem heutigen Weinrecht ist die Liebfrauenmilch eine Cuvée aus Rebsorten wie Riesling, Silvaner, Müller-Thurgau oder Kerner. Inzwischen fließt ein Drittel der gesamten Weinproduktion von Rheinhessen ins Ausland, ca. 20 % davon als Liebfrauenmilch, mit abnehmender Tendenz.

Rheinhessen im Aufbruch

Rheinhessen hat eine lange Talfahrt hinter sich. Die Entwicklung der 60er und 70er Jahre, in denen die Devise „Masse statt Klasse“ lautete, war noch danach lange zu spüren: Man betrieb konsequent die Bewirtschaftung von möglichst großen Flächen mit vollem Einsatz der neuen Technologie. Schließlich setzten die Vollerntemaschinen der „Buckelei“ und mühsamen Handarbeit ein Ende und so glaubte man, am Ziel aller Wünsche angekommen zu sein. In dieser Zeit betrachtete ein Großteil der Winzer die Technik als Allheilmittel und

Vollerntemaschine
im Weinberg

setzte sie nicht so differenziert ein, wie es heute der Fall ist. Vor allem führte die Konzentration auf die Herstellung von großen Mengen, die man nur mit einem Mehr an Technik bewältigen konnte, dazu, dass die Qualität gelegentlich auf der Strecke blieb. Die technischen Kraftakte hatten eine Uniformierung der Aromen und Finessen zur Folge, die Weine wurden ausdrucksloser. Außerdem waren viele Betriebe in dieser Zeit noch Mischbetriebe, die sich neben dem Rüben-, Kartoffel- und Obstanbau nicht in der notwendigen Weise auf den Weinbau konzentrieren konnten. Ihre Weine wurden überwiegend über Fässer vermarktet und an Winzergenossenschaften oder den Handel zu Preisen verkauft, die weder zum Leben noch zum Sterben reichten. Der Glykolskandal in den 80er Jahren war der Ausdruck einer tiefen Krise. Aber eine Krise setzt auch etwas in Bewegung. Sie führte zu einem neuen Qualitätsverständnis bei der Weinproduktion und brachte eine Weinstilistik hervor, die den differenzierten Ausbau von trockenen Weinen beförderte.

In den letzten zehn Jahren hat eine Generation von jungen Winzern und Winzerinnen das Ruder herumgeworfen. Gut ausgebildet und meist auch schon in der Welt herumgekommen, knüpfen sie an die Tradition ihrer Großväter an und haben gemeinsam mit ihren Eltern einen Paradigmenwechsel eingeleitet: Qualität wächst im Weinberg. Nichts Neues eigentlich, nur für ein paar Jahrzehnte in Vergessenheit geraten. Jetzt wird wieder Hand angelegt und die Erträge werden gesteuert. Die Jungen denken sich sowohl in die Natur als auch in die Technik ein. Sie sprechen nicht mehr von „High Tech", sondern von „Right Tech", also davon, wo eher Technik und wo eher Handarbeit Sinn macht. Über die Auseinandersetzung mit Sensorik und Aromabildung lernen die Winzer, nicht mehr allein auf die Analyse mittels Messgeräten zu setzen, sondern auch dem eigenen Gefühl im Mund zu vertrauen. Der Beobachtung der Natur und dem Denken in Kreisläufen wird wieder Bedeutung beigemessen.

Die jungen Winzer sind buchstäblich „verrückt" nach gutem Wein. Sie wissen, dass man nicht einfach die Natur walten lassen kann, sondern auch die Erträge steuern, reduzieren muss, um letztendlich die Qualität zu steigern. Trauben kann man eben nicht wie Kartoffeln produzieren. „Man braucht keine 20 ha um glücklich zu sein. Topqualität ist auch mit 5 ha möglich", weiß Otto Schätzel, Weinbaudirektor des Dienstleistungszentrums ländlicher Raum (DLR) in Oppenheim. Denn heutzutage geht es um mehr als den bloßen Verkauf von Wein – nämlich um die Vermittlung von Weinkultur, Lebensstil und Lebensgefühl. Viele Winzer haben daher begonnen, ihre Höfe attraktiver zu gestalten, kulturelle Ereignisse mit dem Wein zu verknüpfen und in Verbindung mit den kulinarischen Genüssen Wissenswertes über den Wein weiterzugeben.

Konsequente Qualitätssteigerung heißt der Trend in Rheinhessen. Und da gibt es eine gemeinsame Schnittmenge zwischen den Verbänden, was die Spielregeln und Anforderungen anbetrifft. Ob es sich um den Verband der Prädikatsweingüter (VDP), den Verband der Ökowinzer (ECOVIN) oder die Arbeitsgemeinschaften „Großes Gewächs" und „Roter Hang" handelt: Strikte Ertragssteuerung nach dem Motto „Weniger ist mehr", späte Lese, Handlese von ausschließlich gesunden Trauben, schonende Traubenverarbeitung, lange Gärzeiten, „kontrolliertes Nichtstun" im Keller und Zeit, Zeit, Zeit gelten unumstritten als notwendige Voraussetzungen für die Entwicklung eines guten Weins.

So bringt etwa der „Rote Hang" oder „Rotliegende" – ein schmaler (200 m breiter und 5 km langer) Streifen des Niersteiner Forsts entlang des Rheinstroms – einzigartig edle Rieslinge hervor. Seine Besonderheit ist die Hangneigung nach Süd bis Südost zum Rhein hin und die Beschaffenheit des Bodens, der rote Schiefer, der dem Hang seinen Namen gab.

Nur 2% der Betriebe in Rheinhessen wirtschaften ausschließlich ökologisch, aber nach Auskunft der Önologin Dr. Michalsky würden gerne mehr Betriebe auf diese Weise arbeiten, scheuen aber das Risiko. Der Trend geht ins Ökologische. Besonders angesichts der teuren sowie scharfen Pflanzenspritzmittel nutzt der eine oder andere Winzer lieber die alternativen Methoden der Ökowinzer.

Der ökologische Weinbau setzt auf einen geschlossenen Produktionskreislauf und auf ein natürliches Gleichgewicht im Weinberg. So werden beispielsweise Traubenreste und Hefe als organische Düngemittel eingesetzt, um die Nährstoffe wieder zu ersetzen, die dem Boden von den Trauben entzogen wurden. Im Sinne des „Terroir"-Konzepts haben auch viele konventionelle Weinbaubetriebe von den Erkenntnissen der Ökowinzer profitiert.

Die „Jungen Wilden"

Die jungen Winzer sind einfach smart. Sie haben etwas begonnen, worum ihre Väter sie beneiden. Zwischen Bingen, Mainz und Worms haben Sie ein gutes Netzwerk von Verbindungen aufgebaut mit der Devise: Gemeinsam sind wir stark. „Message in a bottle" ist ein Kreis von 19 Jungwinzern und einer Winzerin, die sich regelmäßig austauschen, gegenseitig die Keller durchprobieren, sich kritische Rückmeldung geben und sich offen in die Karten schauen lassen. Die sehr selbstbewussten Jungen sind nicht auf den Mund gefallen, können beschreiben, was Sie machen, haben Witz und Humor und immer neue Ideen. Werbemäßig treten Sie gemeinsam auf, neuerdings fliegt eine Kollektion ihrer Weine sogar bei der Lufthansa mit. Alle Mitglieder von „Message in a bottle" sind in die elterlichen Betriebe eingestiegen oder leiten sie inzwischen selbst. Nicht immer läuft alles glatt in einem Familienbetrieb, in dem mehrere Generationen zusammenarbeiten. Erfolgreich sind aber vor allem die Weingüter, wo es den Eltern gelingt, ihren Söhnen oder Töchtern viel Spielraum, aber auch Verantwortung zu geben, sie gleichermaßen zu fordern und zu fördern.

„Wine on the rocks", die Arbeitsgruppe der Landjugend bis 30, besteht aus einer eher losen Gruppe von zehn Personen, meist noch in der Ausbildung, die wie „Message in a Bottle" jedes Jahr eine große Veranstaltung durchführen mit Weinproben, Essen und Musik. Allen gemeinsam ist der Wunsch, Rheinhessen nach vorne zu bringen,

Steinfigur eines Winzers

andere, ebenfalls noch unbekannte Jungwinzer ins rechte Licht zu rücken und sich vor allem mit guten Weinen zu profilieren.

Was aber machen die Jungwinzer, die noch nicht so richtig Hand anlegen können im elterlichen Betrieb? Sie suchen sich ein Projekt, mit dem sie sich beweisen können. Die Gruppen „Rheinhessen Five" und „4First" haben sich jeweils für eine Cuvée zusammengeschlossen und mit den verschiedenen Bestlagen der Eltern erstaunliche Weine produziert.

Welche Möglichkeiten haben die Winzer denn überhaupt, um mit ihren Weinen aufzufallen? Der Verband „Rheinhessenwein e.V." unternimmt sehr viel, um ein positives Image von Rheinhessen aufzubauen und zu pflegen. Er bemüht sich vor allem, den Silvaner zu fördern und ihn als Markenwein für die Region zu promoten. Der RS, ein frischer, feinfruchtiger Wein mit einem klar definierten Geschmacksprofil, geht gerade auf seinen ersten Flug mit der Lufthansa. An der Produktion sind 25 Winzerbetriebe beteiligt, deren Trauben von der Winzergenossenschaft in Westhofen ausgebaut werden.

Dann gibt es seit vielen Jahren die „Selection Rheinhessen", eine Initiative, die 1992 gestartet wurde, um ein Qualitätsprogramm zum ersten Mal im größeren Stil umzusetzen. Jedes Jahr findet ein Wettbewerb statt, an dem Betriebe teilnehmen können, wenn sie bestimmte Anforderungen erfüllt haben: So müssen die Rebstöcke mindestens 15 Jahre alt sein, das Mostgewicht muss 90 Oechsle betragen und es dürfen nur bestimmte Rebsorten verwendet werden, wie Riesling, Silvaner, weiße und rote Burgundersorten, Gewürztraminer und Portugieser bei beschränktem Ertrag. Die Teilnahme an diesem Wettbewerb ist für die Weingüter, die keinem exklusiven Verband angehören, eine exzellente Herausforderung, die sie darin schult und diszipliniert, ihre Weine nach bestimmten Spielregeln anzubauen und auszubauen.

„Selection Rheinhessen" bietet eine Plattform, um auch von den Medien wahrgenommen zu werden. Die Jungwinzer scheuen den Wettbewerb nicht und wollen vor allem

auch über die eigenen Landesgrenzen hinaus Beachtung finden. Daher interessieren sie sich besonders für die Ausschreibungen und Bewertungen von Gourmetzeitungen wie dem „Feinschmecker" oder der Weinzeitung „Vinum".

Darüber hinaus hat die Umstellung des Verkaufs von Fasswein auf Flaschenwein das Marketing vollkommen verändert. Für viele Weingüter begann hiermit auch die

Direktvermarktung an den Endverbraucher, weg vom Handel und leider auch der Gastronomie. Außerhalb der Region sucht man rheinhessische Erzeugnisse auf der Weinkarte oft noch vergeblich. Es gibt noch eine Menge zu tun – aber es tut sich schon etwas: Die Jungwinzer treffen mittlerweile auch in der Gastronomie auf junge Sommeliers und Köche, die offen für Experimente und frei von Schubladendenken sind und rheinhessische Weine auf die Menükarte setzen. Hauptsache, die Qualität stimmt und der Wein schmeckt. Natürlich kann man auch als Konsument ein bisschen nachhelfen und ganz selbstverständlich – und wohl wissend welchen – einen Rheinhessen bestellen.

Wie Sie den Wein finden, der zu Ihnen passt

Sie wollen mir doch nicht erzählen, dass das ein Wein aus Rheinhessen ist", sagte ein Gast ungläubig, der gerade auf Empfehlung des Wirts einen rheinhessischen Spätburgunder genossen hatte – so erlebt im Landgasthof Engel in Schwabenheim und wahrscheinlich anderswo ebenfalls zu hören. Selbst eingefleischte Bordeauxtrinker können da manchmal fahnenflüchtig werden und zu einem Spätburgunder aus Rheinhessen überlaufen.

Es gibt viele verschiedene Typen von Weintrinkern. Angefangen mit denjenigen, die sich zufrieden geben mit der Unterscheidung zwischen Rot und Weiß bis hin zu den lebenslangen Etikettentrinkern, immer die aktuelle Ausgabe eines Weinführers im Handschuhfach. Dann gibt es natürlich diejenigen, die ausschließlich auf Rotwein oder auf Weißwein abonniert sind, entweder so trocken, dass es staubt, oder so süß wie Likör.

Und dann gibt es die Weintrinker, die ihren Lieblingswein zu allem und jedem trinken, und diejenigen, die sich – nicht minder rigide – strikt an die Etikette halten. Nun, ich möchte Sie ermutigen, sich für neue geschmackliche Erlebnisse zu öffnen. Denn auch unsere Geschmacksnerven brauchen gelegentlich ein paar neue Impulse. Und glücklicherweise gibt es keine strengen Regeln mehr, zu welchen Speisen nur Weißwein oder nur Rotwein „geht". Inzwischen ist fast alles erlaubt und man orientiert sich eher an der Machart der Saucen. Die neue Crossover-Küche wirft vieles über den Haufen und provoziert sensationelle Gaumenkitzel. So haben zum Beispiel Köche die halbtrockenen und edelsüßen Rieslinge entdeckt als komplementäre Begleitung zur asiatischen Küche und anderen scharfen Gerichten.

Baumblüte in Rheinhessen

Wenn Sie bereit sind für neue Erfahrungen, dann riskieren Sie doch einmal Geschmacksrichtungen, die bislang für Sie tabu waren – in Verbindung mit einem Menü in einer neuen Kombination. Das schärft die Sinne. Denn darum geht es bei der Suche nach dem Wein, der zu Ihnen passt.

Da helfen nur etliche Weinproben, bei denen Sie vor allem von den Winzern viel über den speziellen Charakter der Weine erfahren können. Ein gutes Training bieten auch Blindproben mit Freunden zu Hause. Natürlich gibt es Orientierungspunkte und ein paar Kriterien, an denen Sie die Qualität des Weins erkennen: an der Klarheit, am guten Geruch, am langen Nachklang im Gaumen. Letztendlich kann man über Geschmack jedoch nicht streiten. Was für den einen pfeffrig schmeckt, ist für den anderen bitter. Ob Sie die Aprikose oder den Tabak herausfiltrieren: Der Wein muss vor allem *Ihnen* schmecken.

Was Sie in diesem Buch finden

Die Weingüter, Landgasthöfe und Touren, die ich für Sie ausgesucht habe, führen Sie durch ganz Rheinhessen. Sie finden hier Weingüter mit Reblagen am Roten Hang an der Rheinterrasse, im Wonnegau, in der Rheinhessischen Schweiz und im Raum Bingen/Ingelheim. Einige der Weingüter sind ökologisch arbeitende Betriebe, gehören dem Verband der Prädikatsweingüter an oder sind Jungwinzer aus dem Kreis der „Message in a bottle". Fast alle Betriebe, die ich besucht und in denen ich Interviews geführt habe, durchlaufen einen Generationenwechsel und sind Vorbilder für eine gute und erfolgreiche Zusammenarbeit von Jung und Alt. Ich stelle Weingüter vor, die sich bereits bewährt haben, sei es, dass sie an verschiedenen Landes-Wettbewerben teilgenommen und Auszeichnungen erworben haben, einen Platz in anerkannten Weinführern erobern konnten oder gerade erst im Aufstieg begriffen sind.

Gute Weine und gutes Essen gehören zusammen, keine Frage. Aber Sie wollen vielleicht nach langem Sitzen und Plaudern auch noch einmal Ihre Füße bewegen. Deshalb habe ich kleine Pakete für Sie geschnürt und die Weingüter, Landgasthöfe und Touren nach Regionen unterteilt. So können Sie schnell nachschauen, was Sie nach Besuch eines Weingutes in nächster Nähe noch unternehmen, wo Sie essen gehen und im Anschluss spazieren oder Rad fahren können. Die von mir vorgeschlagenen Touren können Sie entweder an einem Tag bewältigen oder in Teilstrecken mit Übernachtung.

In Rheinhessen gibt es zahlreiche schöne Wege und Touren zu entdecken, die „offiziell“ noch gar nicht erschlossen und dokumentiert sind. Deshalb sind die Winzer, die Sie besuchen, die besten Reiseführer, um Sie auf Wanderwege und die vielen Weinlehrpfade in den Ortschaften aufmerksam zu machen. Außerdem bieten die regionalen Touristikvereine ebenfalls Informationen, die Ihnen helfen, weitere Sehenswürdigkeiten zu erschließen. Im Anhang finden Sie Kontaktadressen für spezielle Führungen wie Kräuterwanderungen, Gartenführungen, Kreuzgewölbebesichtigungen oder Pilgerpfade. Rheinhessen ist vor allem ein Paradies für Biker, denn die kurvenreichen Sträßchen führen in schöner Abwechslung bergauf und wieder bergab durch die hügelige Landschaft mit Weinbergen, Wäldern und Wiesen. Und immer wieder kommen Sie an atemberaubende Aussichtsplätze, die Ihnen eine weite Sicht über das „Land der 1000 Hügel" eröffnen. Oftmals finden Sie eine Kombination von Wirtschaftswegen, Fahrradwegen und kleinen Sträßchen vor, die in der Regel gut und sicher zu befahren sind. Ich empfehle Ihnen jedoch, sich mit gutem Kartenmaterial auszustatten.

Weintrinken ist mehr als der Genuss des Getränks, es ist ein Ausdruck von einem Lebensgefühl, das sehr eng mit einer Region und den Winzern verbunden ist, die hinter dem Weingut stehen. Die verschiedenen Porträts ermöglichen Ihnen einen Blick hinter die Kulissen, in die Denk- und Lebensart der rheinhessischen Winzer. Dann heißt es nur noch probieren, probieren, probieren – und genießen! Rheinhessen ist ein Kurzurlaub für die Seele. Ich wünsche Ihnen viel Spaß dabei!

2. Weingüter, Landgasthöfe und Touren

Die Rheinterrasse

Der Begriff „Rheinterrasse" bezeichnet die Rebhänge auf der Strecke von Mainz-Laubenheim bis Mettenheim kurz vor Worms und umfasst die Weinbaugemeinden, die gemeinsam für das „Schaufenster Rheinhessen" werben. Zwischen Nierstein und Nackenheim sehen Sie die steilen Hänge der „Rotliegenden", die edle Rieslinge hervorbringen. Die außergewöhnlich günstigen Wachstumsbedingungen durch die roten, mineralstoffreichen Schiefersteinböden und die Exposition zum Rhein hin begünstigen eine frühe Rebblüte und eine lange Reifezeit. Dieser Teil von Rheinhessen ist besonders schön – schon allein das feurige Rot des Schiefers inmitten der frischen grünen Rebhänge ist eine Augenweide. Darüber hinaus gibt es in den Orten entlang des Rheins, in Nackenheim, Nierstein und Oppenheim sehr viel Kulturhistorisches zu entdecken.

Die gesamte Rheinterrasse bietet zahlreiche Wandermöglichkeiten, zu Fuß oder per Fahrrad, oben durch die Weinberge oder unten am Rhein entlang. Sie können sich die Teilstrecken selbst aussuchen und gegebenenfalls auch einmal eine Strecke mit dem Schiff oder der Bahn zurücklegen.

Roter Hang

Weingüter

Weingut Gunderloch in Nackenheim

Weingut Kühling-Gillot in Bodenheim

Weingut Brüder Dr. Becker in Ludwigshöhe

Landgasthöfe

Landhasthof „Zum Alten Zollhaus“ in Nackenheim

Hotel und Restaurant „Alter Vater Rhein“ in Nierstein

Landhotel Schloss Sörgenloch in Sörgenloch

Touren

Königsmühlen-Radtour

Große Rhein-Radtour

Niersteiner Wandertour

Weingut Gunderloch

Fritz und Agnes Hasselbach
Carl-Gunderloch-Platz 1
55299 Nackenheim

Telefon: 06135/2341
Fax: 06135/2431
E-Mail: info@gunderloch.de
Internet: www.gunderloch.de

Öffnungszeiten: Mo.–Fr. 9.00–17.00 Uhr
Wochenende nach Vereinbarung

Kreditkarten: EC-Karte

Historie: Weingut 1890 von dem Bankier Dr. Carl Gunderloch gegründet

Rebsorten: Weiße: Riesling 85 %, Silvaner 5 %, Burgunder 5 % und andere Sorten 5 %
Rote Trauben haben untergeordnete Bedeutung, als Hobby gepflanzt: Spätburgunder, Dornfelder, Pinot Noir Meunier (Schwarzriesling)
Erste Gewächse

Geschmacksbreite: trocken 45 %, halbtrocken 20 %, lieblich 30 % und edelsüß 5 %

Reblagen und Böden: Nackenheimer Rothenberg, Niersteiner Pettenthal, Nierstein Hipping
Roter Tonschiefer

Größe und Produktion: 14 ha, 95 000 Flaschen jährlich, stark im Export vertreten. Mitglied im Verband der Prädikatsweingüter (VDP)

Besonderheit: Literarische Menüs
Mai bis Juli Aufführung von Zuckmayers „Der fröhliche Weinberg"

Der deutsche Riesling-Botschafter

Agnes und Fritz Hasselbach

Agnes Hasselbach erinnert sich an drei kritische Themen aus ihrer Kindheit: das Finanzamt, den Weinkontrolleur und Carl Zuckmayer. Der aus Nackenheim stammende Literat hatte in seinem Theaterstück „Der fröhliche Weinberg" den Ururgroßvater und Gründer Carl Gunderloch in der Figur eines gleichnamigen Winzers verarbeitet und ihn wenig schmeichelhaft als Trunken- und Raufbold dargestellt, der den Frauen nachstieg und ein uneheliches Kind hatte. Die offizielle Entschuldigung Zuckmayers 1970, die Figur im Stück sei ja fiktional und habe nichts mit dem wirklichen Gunderloch zu tun, brachte zwar ein bisschen Ruhe in die Angelegenheit, aber der Ururgroßvater erholte sich nie mehr so richtig von dem Schock.

Anfang der 80er Jahre übernahm die Enkelin und ausgebildete Lehrerin Agnes Hasselbach-Usinger mit Ehemann Fritz Hasselbach die Regie des Weingutes. Von

Anfang an war es Agnes' Traum gewesen, das Weingut der Eltern zu übernehmen, doch diese hatten damals entschieden: „Mädchen gehören nicht in den Weinberg." So entschloss sich Agnes für die Studienfächer Erdkunde und Biologie, aus Liebe zur Natur. Nebenbei half sie regelmäßig mit ihren beiden Schwestern in der elterlichen Gutsschänke aus. Eines Tages war der Weinbauingenieur Fritz Hasselbach unter den Gästen. Zwei hatten sich gefunden und Agnes' Wunsch, ins elterliche Weingut einzusteigen, ging in Erfüllung.

1990 feierte das Weingut Gunderloch sein 100-jähriges Jubiläum. Agnes und Fritz Hasselbach wollen ein Zeichen setzen und endlich den alten Groll über das Thema Zuckmayer begraben. Sie treten die Flucht nach vorn an und beschließen, das Theaterstück „Der fröhliche Weinberg" in ihrem Hofgarten aufzuführen. Der Abend mit 400 Gästen ist ein voller Erfolg. Nur Agnes' Vater will nicht so recht mitziehen. Sträubt sich bis zuletzt. Mag nicht in Erscheinung treten. „Jetzt musst du mal die Gäste begrüßen", erinnert ihn Fritz eindringlich. „Das kannst du nicht von mir verlangen", erwidert der Schwiegervater. Dann überlegt er es sich anders. Springt über seinen Schatten und begrüßt die Gäste, den Bürgermeister und die Tochter von Zuckmayer, die extra angereist ist. Damit war der Frieden wiederhergestellt und das Kriegsbeil begraben.

Seit 1990 wird das Stück alljährlich von der Nackenheimer Theatergruppe im Hofgarten aufgeführt. Symbol für den erfolgreichen Ausgang dieser kleinen Leidensgeschichte ist ein Riesling mit dem Namen „Jean Baptiste", der vor allem im Ausland ein Renner ist.

Das Comeback des Rieslings

Das stark heruntergefahrene Gut erforderte zunächst eine radikale Inventur: Die Erträge wurden reduziert, bei der Lese eine starke Selektion vorgenommen und die Gärzeiten verlängert. Die Hasselbachs setzten auf Riesling, bauten aber nicht nur den trockenen, sondern auch viele edelsüße Weine, Beerenauslesen und Trockenbeerenauslesen aus – in einer Zeit, in der der deutsche Riesling sein Comeback im Inland noch nicht gehabt hatte. Hasselbachs Entscheidung, Tabula rasa zu machen und sich auf die Traube zu konzentrieren, die in keinem anderen Land so gut wächst wie in Deutschland, den Riesling, war ein großer Schritt nach vorn. Heute wird überall in der Welt mit wachsender Begeisterung Riesling getrunken. Insbesondere die amerikanischen Köche haben den deutschen Riesling neu entdeckt, weil er die Pazifik-Rim-Küche, eine Verbindung von europäischer und asiatischer Küche, hervorragend ergänzt.

So werden auch Fritz Hasselbachs regelmäßige Besuche in China eher zu einer „Mission", nämlich die Chinesen darin zu schulen, was man alles mit dem Riesling machen kann. Der meist etwas spritzige Wein eignet sich gut für einen Aperitif, als Longdrink und besonders gut zu stark gewürzten Speisen. Die Weintrinker im Ausland genießen vor allen die Beerenauslese mit großer Begeisterung, die hierzulande immer noch weitgehend ignoriert wird, weil viele Konsumenten und Gastronomen noch nicht erkannt haben, wie vielfältig der Wein ist. Seit 1989 ist das Weingut mit einem großen Exportanteil im Ausland, in Kanada, den USA, China und Australien vertreten. Das anerkannte amerikanische Weinmagazin „Wine Spectator" hat Gunderlochs Riesling 1992, 1996 und 2001 mit 100 Punkten als den weltbesten ausgezeichnet.

Der Weltenbummler Fritz Hasselbach ist gerne unterwegs und genießt die positive Resonanz und das unkomplizierte Anbahnen von geschäftlichen Beziehungen. Der amerikanische Gastronom ist frei von Urteilen und Vorurteilen über eine bestimmte Region in Deutschland. Allenfalls orientiert er sich an den Flüssen. Ist es ein Moselwein oder ein Rheinwein? Wozu passt der edelsüße und wozu der fruchtige, trockene Wein? Aus manchen Kundenbeziehungen werden freundschaftliche Verbindungen. Nach der Katastrophe am 11. September 2001 in New York hat sich der Winzer spontan in das erstbeste Flugzeug gesetzt, seine Kunden besucht, die unmittelbar davon betroffen waren, um Anteilnahme zu demonstrieren. Die Amerikaner haben diese Geste sehr geschätzt.

Forschung in eigener Sache

Hierzulande muss sich ein Winzer als Verbandsmitglied gelegentlich in Diskussionen um Statuten begeben, die seinen Spielraum durchaus einschränken können. So hatte etwa der VDP (Verband der deutschen Prädikatsweingüter), dem auch das Weingut Gunderloch angehört, beschlossen, „Große Gewächse" zu produzieren und zu vermarkten. Eine der Voraussetzungen dafür, dass die Weine diese Auszeichnung auf dem Etikett tragen dürfen, ist der trockene Ausbau. Nun brachte der berühmte „Rothenberg" zwar Große Gewächse hervor, aber neben trockenen auch edelsüße. Hasselbachs suchten eine Antwort auf die Frage, ob der Rothenberg trocken sein „Terroir“ wirklich am besten widerspiegelte.

Zur Lösung des Problems kam Ihnen eine außergewöhnliche Idee. Sie baten ein internationales Expertenteam von deutschen, englischen und amerikanischen Weinjournalisten und Weinexperten um Entscheidungshilfe. Das Ergebnis der Degustationsdurchgänge mit Weinen aus 12 Jahrgängen überraschte alle: Die Kategorie „trocken“ siegte mit 37 %, gefolgt von der Kategorie „leicht restsüß“ mit 33 % und „süß“ mit 30 %. Das hieß, die Lage Rothenberg lässt vielfältige Spielarten zu. Fritz Hasselbach war „froh und erleichtert“ über die Gesamtbewertung und fühlte sich bestätigt darin, auch weiterhin in unterschiedlichen Weinstilen Spitzenergebnisse zu liefern.

Zurück zu den eigenen Wurzeln

Das Weingut Gunderloch fördert den internationalen Austausch auch im eigenen Hause. Auf dem Hof arbeiten zurzeit ein junger Australier, eine amerikanische Sommeliere und ein österreichischer Praktikant. Die Hasselbachs waren und sind sehr engagiert im VDP, gegenwärtig ist Agnes Hasselbach als einzige Frau im Vorstand aktiv. Die Gutsfrau ist zugleich engagierte Fastnachterin und pflegt auch sonst die Verbindung zum kulturellen und kulinarischen Erbe der Region. Bei den verschiedenen Weinproben, wie etwa der Martiniprobe im November, aber auch bei den Theateraufführungen versuchen die Hasselbachs an alte Traditionen anzuknüpfen und die Gerichte vorzustellen, die früher schon bei

Großmutter lecker geschmeckt haben – also keine neoitalienischen Vorspeisen, eingelegte Paprika, Tomaten, Knoblauch und Co., sondern Bandnudeln mit Weckbröseln und Mirabellen oder Kirschkompott, Nudeln mit Pilzen und Wildgulasch. „Wir sind in Deutschland", erinnert Agnes Hasselbach, „wir wollen unsere Wurzeln nicht außer Acht lassen."

Wie stets, stellt sich auch hier die Frage nach der Zukunft. Bis vor kurzem sah es noch düster aus. Nun haben die drei Kinder jedoch „Wein" geleckt. Nichts ist so erfolgreich wie der Erfolg. Plötzlich entschließt sich die 22-jährige Tochter zum Studium des „Weinmarketings" in Heilbronn, der Sohn studiert Betriebswirtschaft und sammelt Erfahrungen bei der Weinlese in Clare Valley auf dem Weingut Kim Berry in Australien. Die älteste Tochter hat nach vielen Jahren beruflicher Tätigkeit als Ergotherapeutin Interesse am Weinmarketing bekommen und studiert nun in Geisenheim. Die Kinder entdecken die Vielfalt im Beruf, die Möglichkeiten, kreativ zu werden und viele Fähigkeiten zu entwickeln. Der Winzer ist nicht mehr nur Winzer, sondern Landwirt, Forscher, Kreativer und Marketingprofi und speziell in Rheinhessen ein Botschafter für guten deutschen Wein.

Rebschnitt

Weingut Kühling-Gillot

Pavillon im Garten von Weingut Kühling-Gillot, Bodenheim

Gabi Gillot-Kühling, Roland und Carolin Gillot
Ölmühlstraße 25
55294 Bodenheim

Telefon: 06 13 5/23 33
Fax: 0 61 35/64 63
E-Mail: info@kuehling-gillot.de
Internet: www.kuehling-gillot.de

Öffnungszeiten: Mo.–Fr. 9.00–12.00 Uhr und 14.00–17.00 Uhr, Sa. 9.00–12.00 Uhr und nach Vereinbarung. Sonntag Ruhetag

Kreditkarten: EC-Karte

Historie: 200 Jahre altes Weingut

Rebsorten: Weiße: Riesling 40 %, Grauer Burgunder 10 %, Chardonnay, Scheurebe
Rote: Spätburgunder 10 %, Portugieser 10 %
Großes Gewächs
Ausbau in Barrique

Geschmacksbreite: trocken 80 %, halbtrocken 5 %, mild/lieblich 15 %

Reblagen und Böden: Bodenheimer Burgweg, Nackenheimer Rothenberg, Niersteiner Pettenthal, Oppenheimer Sackträger, Oppenheimer Kreuz
Lösslehm und Roter Schiefer

Größe und Produktion: 10 ha, 70 000 Flaschen jährlich
Mitglied im Verband der Prädikatsweingüter (VDP)

Besonderheit: Straußwirtschaft im Jugendstil Pavillon im mediterran angelegten Garten an sechs Wochenenden im Juli/August (nur mit Reservierung)

Mit Power und Besonnenheit zum Erfolg

Roland und Carolin Gillot

Eigentlich wollte Carolin Gillot Lehrerin werden, aber ein Schulreferat über australische Weine führte zu einer entscheidenden Kehrtwendung. Carolin fing Feuer und ging nach Geisenheim, um Weinbau zu studieren.

Doch Mutter Gabi schickte insgeheim ein Stoßgebet zum Himmel und gedachte der schweren Zeiten, die sie durchstehen musste, als sie mit achtzehn – „ich konnte nichts und war verwöhnt" – nach dem überraschenden Tod der Mutter das Weingut übernehmen musste, obwohl sie eigentlich Englisch und Sport studieren wollte.

Vater Gillot dagegen spürte sofort „einen innerlichen Expansionsdrang" und kaufte gleich zwei neue Weinberge. Nachdem der Sohn in die Fußstapfen des Großvaters getreten und Jurist geworden war, hatten sich die Gillots bereits damit angefreundet, später einmal das Weingut verkaufen zu müssen. „Mit Carolins Entscheidung haben wir uns ‚lebenslänglich' eingehandelt", schmunzelt der Winzer.

Seit etwa zwei Jahren arbeitet nun die Diplomingenieurin für Weinbau und Önologie mit und kümmert sich um den Kellerbetrieb. Was Carolin damals bei Ihrer Entscheidung noch nicht wusste, war, dass sie eine Tradition weiterführte, die sich seit vielen Jahrzehnten im Hause Kühling zu wiederholen schien. Die Frauen übernahmen die Weingüter und führten sie zusammen mit ihren eingeheirateten Männern. Mutter Gabi hatte den Winzer Roland Gillot beim Skifahren kennen gelernt und war damals heilfroh, dass er bereit war, in das elterliche Weingut mit einzusteigen.

Carolin ist außerdem mit 26 das jüngste Mitglied im weiblichen Winzerverband „Vinissima"; vor allem schätzt sie dessen innovative Seminare zu Tischkultur, Sensorik oder Wein und Gesundheit. Sie sei ja eigentlich „null emanzipiert", winkt die junge Winzerin ab, aber wenn sie mal heirate, dann müsse das auch mit der Arbeit auf dem Weingut zusammengehen. Schließlich gebe es – wenn es um die Betreuung der Kinder gehe – immer noch die Großmütter, meint sie zuversichtlich.

Die junge Winzerin ist mit Leib und Seele bei der Weinherstellung dabei und vor allem mit allen ihren Sinnen. Weintrinken ist für sie ohne Verbindung zum Essen nicht vorstellbar: „Ich denke oft daran, was ich jetzt dazu gerne essen würde." Carolin hat diese Liebe zur Weinkultur auch in einem ihrer Praktika im Burgunder Weingut Comte Lafon erfahren – ebenso wie die Muße, nach getaner Arbeit den Abend in freundschaftlicher Runde mit einem guten Wein ausklingen zu lassen.

Aufsehen erregt hat Carolin, die – wie so oft – noch die einzige Frau unter vielen Männern ist, durch ihre Aroma-Weinproben, die sie mit großer Begeisterung auf Messen und in großen Hotels zwischen Hamburg und München durchführt. Dort stellt sie in zehn Gläsern verschiedene Aromen wie Pfirsich, Pfeffer oder Zimt vor, um den Teilnehmern den Zugang zum Erschnuppern der Geschmacksrichtungen zu erleichtern. Carolin kommt mit ihrer sehr natürlichen und gewandten Art gut an und spricht fließend Englisch und Französisch. Einzige Frau ist sie auch in der Gemeinschaft von jungen Winzern „Message in a bottle“, für die sie die Pressearbeit macht. Mit ihnen teilt sie den Ehrgeiz, „extrem gute Sachen“ produzieren zu wollen – vielleicht einmal einen der besten Rieslinge in Deutschland? Eines hat sie sich ganz fest vorgenommen: Sie will sich selbst treu bleiben, denn gute Weine brauchen eine starke Persönlichkeit, dürfen nicht zu glatt sein, sondern müssen – wie der Winzer selbst – einen eigenen Willen haben und auch mal gegen den Strom schwimmen können. Einer ihrer ersten Erfolge ist der erste Platz beim Deutschen Silvanerpreis des internationalen Magazins „Vinum“ mit dem Qvinterra-Silvaner 2003.

Der Apfel fällt nicht weit vom Stamm. So viel gesundes Selbstvertrauen und Engagement ist auf einem guten Boden gediehen, der wie die Rebhänge des Weingutes Kühling-Gillot beste Voraussetzungen bietet. Das Weingut hatte bereits ein exzellentes Renommee, bevor Carolin dazustieß, und gilt als einer der Barrique-Pioniere und als Spezialist für Spätburgunder mit verschiedenen Auszeichnungen. Der mit dem Deutschen Burgunderpreis 2000 gekrönte 1997er Bodenheim Burgweg Spätburgunder wurde sogar als Messwein für den Petersdom für würdig befunden und fand so seinen Weg direkt zum Papst – vermittelt von Justus Frantz, der im Sommer 2001 mit seinem international bekannten Jugendorchester „Philharmonie der Nationen" ein Privatkonzert für Johannes Paul II. gegeben hatte. Der Papst war begeistert – und für die Presse war es eine schöne Geschichte. 2004 erreichte der Spätburgunder erneut den ersten Platz.

Roland Gillot hatte bereits von Beginn seiner Winzerkarriere an eine starke Affinität zu Frankreich. 1967 machte er ein Praktikum in einem Weingut in St. Julien und war damals als Exot angesehen – die Franzosen staunten über den arbeitswilligen Praktikanten aus Rheinhessen, der wissbegierig jede Information aufsaugte. Von dieser Zeit hat er viel mitgenommen und in seinem Weingut umgesetzt, was eigentlich jetzt erst en vogue ist: etwa den „Terroir"-Gedanken, die Erkenntnis, lieber die Einzigartigkeit des Klimas und Bodens zu nutzen, statt ihnen etwas abzujagen. Der Winzer hat gelernt, in die Natur hineinzuschauen und ihre Signale zu deuten, um zu verstärken oder herunterzufahren. Darüber hinaus ist Roland Gillot auch ein leidenschaftlicher Gärtner. In seinem mediterranen Garten findet man einen Ginkgo, Walnussbäume, Zedern und viele andere exotische Pflanzen. Dieses lauschige, sehr entspannende Plätzchen verwandelt sich an sechs Wochenenden im Juli und August in eine Straußwirtschaft, wobei Gabi Gillot-Kühling in der Küche steht, Roland Gillot die Honneurs macht und Tochter Carolin bedient.

Die Balance von Tun und Lassen

Gabi und Roland Gillot lassen ihrer Tochter viel Spielraum, stützen sie, wenn sie unsicher ist, und geben ihr Verantwortung, ohne ihr dauernd über die Schulter zu schauen. Wie werden Entscheidungen im Hause Gillot getroffen in brisanten Situationen wie der Herbstlese? Eine typische Entscheidungssituation während der Weinlese: Carolin ist nervös und diskutiert engagiert mit ihrem Vater darüber, ob die Trauben jetzt gelesen werden oder noch einen Tag hängen sollten. Roland Gillot antwortet ruhig und geht mit ihr die verschiedenen Möglichkeiten durch. Dann wird noch einmal Mutter Gabi gefragt, die ihrerseits mit einer nüchternen Betrachtung den Ausschlag bei der Entscheidung gibt. Die drei sind ein Erfolgsteam. Vor allem aufgrund ihrer Haltung gegenüber Fehlentscheidungen. Bei dieser Arbeit, die immer auch von Faktoren bestimmt wird, die außerhalb der Person liegen – allen voran die unberechenbare Natur –, gibt es oft kein „Richtig“ oder „Falsch“, sondern eher die relativ beste Entscheidung, gemessen an den Umständen. Wo gearbeitet wird, fallen Späne, heißt es. Die Gillots kennen keine Schuldzuweisungen, auch zu Fehlentscheidungen muss man stehen. Punktum. Denn das erfahrene Winzerpaar weiß: Erfahrung ist nicht alles. Jahrzehntelange Arbeit kann auch betriebsblind machen. Gelegentlich muss man auch einmal eine andere Perspektive einnehmen, Methoden neu überprüfen. Deshalb hat der Senior auch ein offenes Ohr für die „Jungen Wilden“ von „Message in a bottle“, denn über Carolin gibt es einen regen Kontakt und Austausch.

Wie findet man die richtige Balance von Tun und Lassen bei dieser Arbeit? Blinder Aktionismus kann bei der Weinherstellung manchmal mehr zerstören als aufbauen. Deshalb agiert Roland Gillot besonders in hektischen Zeiten nach der Devise: so langsam wie möglich. Das mag sich beziehen auf den Zeitpunkt der Lese, die Gärung, die Konzentration auf das Wesentliche. Sein Credo lautet: Besonnenheit und kontrolliertes Risiko.

Besonnenheit kann hier auch heißen, sich immer wieder zu sammeln, sich zu vergegenwärtigen, wie man in der Vergangenheit unter ähnlichen Prämissen gute Weine ausgebaut hat. Weine machen ist mehr als Weine produzieren, es ist auch ein Stück Lebensart, die in den Wein mit einfließt. Roland Gillot liebt Rheinhessen, ist einer, der mit offenen Augen durch die Landschaft fährt, die Natur beobachtet. Sein Hobby ist ein Oldtimer-Cabriolet, mit dem er und seine Frau in den Sommermonaten über Rheinhessens Straßen fahren, um an irgendeinem Plätzchen den Tag bei einem Sonnenuntergang ausklingen zu lassen.

Weingut Brüder Dr. Becker

Familie Pfeffer-Müller
Mainzer Str. 3–7
55278 Ludwigshöhe

Telefon: 06249/8430
Fax: 06249/7639

E-Mail: Lotte.Pfeffer@brueder-dr-becker.de
Internet: www.brueder-dr-becker.de

Öffnungszeiten: Nach Vereinbarung

Rebsorten: Weiße: Riesling 40 %, Silvaner und Scheurebe 40 %, Weiße Burgundersorten und Müller-Thurgau 10 %
Rote: Spätburgunder 10 %
Sekt
Großes Gewächs

Geschmacksbreite: trocken 50 %, halbtrocken 10 %, mild 40 %

Reblagen und Böden: Ludwigshöher Teufelskopf, Dienheimer Tafelstein und Kreuz. Löss, Lösslehm

Größe und Produktion: 10,8 ha, 70 000 Flaschen jährlich
Mitglied im Verband der Prädikatsweingüter (VDP), Bundesverband Ökologischer Weinbau (ECOVIN)

Besonderheit: Ökologischer Weinbau
Jeden 1. Samstag im Monat Einkauf und Probe
Letztes Wochenende im Mai: große Gutsweinprobe und Vorstellung des neuen Jahrgangs. „Tafeln unter dem Nussbaum", kulinarische Weinprobe
Letztes Wochenende im September: Traubenlese mit Weinprobe

Sie kommen als Kunden und gehen als Freunde

Lotte Pfeffer-Müller und Hans Müller

Wir träumen davon, dass wir noch etwas hier verbessern können." Lotte Pfeffer deutet auf eine Wand, wo der Putz ein wenig bröckelt: „Manchmal stört mich das, es ist eben nicht alles so perfekt. Aber so ist eben unsere Weinprobierstube", schmunzelt sie und räumt die letzten Gläser der Weinverkostung ab, die sie gerade für eine Besuchergruppe mit amerikanischen Weinexperten durchgeführt hat. Die freundliche Probierstube ist ohne barocke Schnörkel, wie man sie sonst so oft in Rheinhessen vorfindet. Helle Holzstühle um einen langen Holztisch. Einfach und klar. Leckeres, frisches Bauernbrot und Käse werden zur Weinprobe gereicht. Wenn man zum Fenster hinausschaut, fällt der Blick direkt auf die Weinberge von Lotte Pfeffer und Hans Müller.

Jede Weinprobe im Weingut Brüder Dr. Becker kann zu einem kleinen Seminar in Sachen ökologischer Weinbau werden, in dem Sie etwas über die Kreisläufe in der Natur und die neuen Erkenntnisse in Bezug auf Anbau und Verarbeitung von Wein erfahren. Nicht zwangsläufig, aber die meisten Kunden, die ein ökologisches Weingut besuchen, sind wissbegierig. Hans Müller zeigt anhand von Schaubildern die Entwicklung des ökologischen Weinbaus und führt durch den Betrieb. Lotte Pfeffer erzählt bei der Weinprobe, wie das Jahr verlaufen ist, mit welchen Themen sie sich in diesem Jahr im Weinberg beschäftigen mussten. Es wird viel gelacht, gefragt, ausgetauscht und probiert – in einer unkomplizierten und heiteren Atmosphäre. Ein gastfreundliches Haus.

Die amerikanischen Weinjournalisten waren vom deutschen Weininstitut eingeladen worden, rheinhessische Weingüter zu besuchen. Dabei galt ihr Interesse auch den ökologischen Betrieben, denn in den USA ist der Anteil von organischer Landwirtschaft und ökologischem Weinbau mit 1,4 Millionen Hektar (von 450 Millionen Hektar gesamt genutzter landwirtschaftlicher Fläche) im Vergleich zu 6,3 Millionen Hektar (von 165 Millionen Hektar gesamt genutzter landwirtschaftlicher Fläche) in Europa sehr klein. Auch wenn der ökologische Weinbau in Deutschland zurzeit nur 2 % der Rebfläche belegt, interessieren sich immer mehr Winzer für ökologische Anbaumethoden, weil sie in der Behandlung von Krankheiten gesunde Alternativen zu den chemischen Pflanzenschutzmitteln suchen. Nicht alle wollen allerdings unter der Flagge „ökologisch“ segeln. Lotte Pfeffer bedauert das, denn sie ist ökologische Weinbäuerin von Kopf bis Fuß und möchte sich dazu auch bekennen, zumal sich der Betrieb regelmäßigen Qualitätskontrollen stellt. Denn der ökologische Weinbau ist schon lange nicht mehr eine Sache von ein paar „Aussteigern“, die irgendwann einmal aufs Land gezogen sind. Seit ein paar Jahren gibt es auch einen Lehrstuhl – den ersten in Deutschland – für ökologischen Weinbau an der Forschungsanstalt in Geisenheim.

Die Winzer vom Weingut Brüder Dr. Becker haben erkannt, dass ein gemeinsamer Auftritt mit anderen, vergleichbaren ökologischen Betrieben, die ebenfalls auf hohem Qualitätsniveau arbeiten, den eigenen Radius erweitern kann und natürlich den Bekanntheitsgrad. Sie sind, zusammen mit zwei anderen Weinbaubetrieben aus der Nähe von Worms und Bad Dürkheim, Teil der Gruppe „Signature Wines", um ihre Weine vor allem einem internationalen Weinpublikum zu präsentieren, bisher vorwiegend in England und den USA.

Qualitätsmanagement im Weinberg

Für Lotte Pfeffer und ihren Mann Hans ist ökologischer Weinbau mehr als nur der Umgang mit natürlichen Pflanzenschutzmitteln. Eigentlich geht es aus Pfeffers Sicht eher um „Qualitätsmanagement" im Weinbau, an dem jeder Winzer, der auf hohem Niveau arbeitet, irgendwann nicht mehr vorbeikommt. Das ständige Beobachten der Entwicklung im Weinberg, die intensive Unterstockpflege, die vorbeugenden Maßnahmen erfordern einen größeren Arbeitsaufwand als der klassische Weinbau.

Das Weingut Brüder Dr. Becker gehört zu den wenigen ökologischen Gütern, die sowohl im Verband der Prädikatsweingüter (VDP) als auch im Bundesverband Ökologischer Weinbau e. V. (ECOVIN) und in der Arbeitsgemeinschaft „Großes Gewächs" Mitglied sind.

Es sagt etwas aus über die professionelle Haltung der Winzerfamilie, sich in verschiedenen Welten bewegen zu können, trotz unterschiedlicher politischer Haltungen und gesellschaftlicher Rituale. Es zeigt aber auch, dass die gedankliche Schnittmenge von Winzern, die mit hohem Qualitätsanspruch arbeiten, immer größer wird, unabhängig davon, welcher Gruppierung oder Coleur sie angehören.

Pettenthal, Nierstein

Lotte Pfeffer betreibt den elterlichen Betrieb zusammen mit Ehemann Hans, den sie im Alter von 25 Jahren bei ihrer Ausbildung an der Forschungsanstalt in Geisenheim kennen gelernt hat, seit 1985. In diesem Jahr wurde auch der Bundesverband Ökologischer Weinbau gegründet, aus dem der heutige ECOVIN hervorging, in dem beide lange Jahre sehr engagiert mitgearbeitet haben. Als die Kinder kamen, haben die beiden andere Prioritäten gesetzt. Außerdem forderte die Umstellung im Weingut sehr viel Zeit und Arbeit. So bereinigte man nach der Übernahme den Rebsortenspiegel und konzentrierte sich mehr auf die Klassiker. Den größten Anteil haben heute weiße Rebsorten, darunter am stärksten vertreten ist der Riesling.

Die ökologischen Pioniere

Der ökologische Weinbau hatte jedoch im Hause Dr. Becker schon Tradition. Lottes Eltern gehörten in den 70er Jahren zu den Pionieren im ökologischen Weinbau in Rheinhessen. Die Gebrüder Becker, Lottes Großeltern, Ärzte und Juristen, hatten ein gutes Händchen bewiesen beim Kauf von guten Reblagen, damals noch als Nebenerwerb. Das Weingut ging an Lottes Mutter über, die es zum Vollerwerbsbetrieb ausbaute, der schon damals als Mitglied in den VDP aufgenommen wurde. Als Lotte Pfeffer schließlich in das Weingut einstieg, waren also bereits sehr gute Grundlagen gelegt. Auch wenn sie mit dem Weingut der Eltern immer gute Lebensqualität verbunden hat, so galt ihre ganze Leidenschaft zunächst der ökologischen Landwirtschaft. Sie hätte ebenso gut einen Bauernhof führen mögen. Gerne selbst anpacken zu wollen und die Liebe zur Selbstständigkeit, das waren Entscheidungskriterien. Bevor sie sich dann doch für das Studium des Weinbaus in Geisenheim entschied, lernte sie zwei Jahre auf einem Demeterhof in Kiel. Nicht umsonst bezeichnet sie sich lieber als Weinbäuerin denn als Winzerin, weil ihr gesamtes Wissen über den Kreislauf von Boden, Pflanzen und Tieren in ihre tägliche Arbeit einfließt – und weil sie es liebt, im engen Einklang mit der Natur zu leben.

Aus Liebe zur Natur

Immer mehr Menschen versuchen gesünder zu leben, essen bewusster. Aber trinken sie auch bewusster? Viele

Weintrinker pflegen immer noch ihre Vorbehalte: Ökologischer Wein, schmeckt der denn? Obwohl ökologische Weine längst den Kinderschuhen der 80er Jahre entwachsen sind, an Qualität und Profil gewonnen haben, bei Prämierungen und in Weinführern zusammen mit nicht ökologischen Weinen vertreten sind, werden sie immer noch wie ein Nischenprodukt behandelt. Auf Weinkarten und im Fachhandel sind sie selten zu finden. Dabei sind es nicht unbedingt organisierte Naturschützer und Umweltbewusste – wenn man einmal die Saabs und Volvos vor den Türen des Weinguts Brüder Dr. Becker sieht –, die ökologische Weine kaufen. Sondern einfach Menschen, die die Nähe zur Natur suchen, sich vielleicht ein paar mehr Gedanken über das Leben machen und auf der Suche nach verträglichen Weinen sind.

Lotte Pfeffer hat schon öfter ihre Kunden sagen hören: „Seitdem ich ökologische Weine trinke, kann ich wieder Wein trinken" oder „Nach ökologischem Wein bekomme ich kein Kopfweh mehr und fühle mich auch am nächsten Tag besser." Die Weinbäuerin will die Frage nach dem „Gesundheitsfaktor" allerdings nicht eindeutig beantworten. Sie ist vorsichtig, ob der wissenschaftlichen Belegbarkeit. Ein klarer Unterschied zwischen einem ökologisch und einem klassisch angebauten Wein besteht für sie jedoch in der Arbeit im Weinberg und im Umgang mit der Natur. Bekannt ist, dass im ökologischen Weinkeller mit weit weniger Schwefelzusätzen gearbeitet wird als im klassisch ausgebauten Keller und dass man auf Sorbinsäure weitgehend verzichtet. Für den einen oder anderen könnte das ein Anlass sein, wenn es um die individuelle Verträglichkeit geht, einmal einen guten ökologischen Wein kennen zu lernen.

Landgasthof „Zum Alten Zollhaus"

Ingrid Hees
Wormser Str. 7
55299 Nackenheim

Telefon: 06135/8726
Internet: www.zum-alten-zollhaus.de

Öffnungszeiten: Täglich ab 16.30 Uhr
Sonntag und Montag Ruhetag

Ambiente: Altes Fachwerk, rustikale, gediegene und gemütliche Atmosphäre. Antiquitäten und Historisches

Essen und Trinken: Gehobene regionale Küche, modern variiert, aber auch Herzhaftes.
Großes Angebot an offenen Weinen aus Rheinhessen und dem Rheingau

Parken: Im Hof möglich

Anfahrt: Von Mainz der Durchgangsstraße folgen. Nach S-Kurve in Ortsmitte beginnt die Wormser Straße, das zweite Anwesen rechts

Besonderheit: Gewölbekeller für Feiern bis zu 14 Personen, Kutschenzimmer für Gesellschaften bis zu 50 Personen, Biedermeier-Kutsche, Garten/Terrasse, Sonderveranstaltungen, literarische Menüs

Die Liebe zur Tradition

Als Ingrid Hees 1995 die ehemalige Straußwirtschaft einer Winzergenossenschaft besichtigte, die schon einige Zeit leer stand, schlug sie die Hände über dem Kopf zusammen. Arbeit ohne Ende sah sie. Aber die Vision, was man aus dem schönen, aber heruntergekommenen Fachwerk machen könne, war stärker. Schließlich brachte die gelernte Hotelfachfrau und Restaurantmeisterin, die vorher eine Gaststätte in Mainz betrieben hatte, bereits 30 Jahre Erfahrung aus der Gastronomie mit. So leicht konnte sie nichts mehr erschüttern. 1996 erstrahlte

Zum Alten Zollhaus, Weinstube

das neue Weinrestaurant – nach vielen Umbauten – im neuen Glanz. Ingrid Hees nannte ihr Restaurant „Zum alten Zollhaus", weil genau an dieser Stelle einmal die Grenze zwischen Kurmainz und der Kurpfalz verlief, wo die Pferde gewechselt werden mussten.

Die Liebe zur Historie hat auch in den Gasträumen ihren Niederschlag gefunden. Im Kutschenzimmer, in dem große Veranstaltungen durchgeführt werden können, steht eine Kutsche aus der Biedermeierzeit. In dem gemütlichen, überschaubaren Weinrestaurant finden Sie Fotos aus der Zeit des Schriftstellers Carl Zuckmayer, der in Nackenheim geboren wurde. Ebenso auch alte Familienfotos der Inhaberin aus Großvaters Zeiten. Auf einem Foto aus den 50er Jahren sitzt auf dem Motorradsozius eine Sechsjährige und schaut keck zum Fotografen. Das ist Ingrid Hees.

Die Speisekarte enthält eine Vielfalt von Gerichten, die die Wünsche der Traditionalisten wie der Experimentierfreudigeren befriedigt. Marinierter Tafelspitz mit Kürbiskernöl, Medaillons von Rindersteak mit Dijonsenfsauce und frischen Pilzen oder je nach Saison Blattsalate mit frischen Pfifferlingen – frische Zutaten garantiert. Ab Mai ist der wunderbare Garten im Hof eröffnet, wo Sie umgeben von vielen Blumen und üppigen Pflanzen bei gutem Essen und Wein den Feierabend genießen können.

Beim Service merkt man die geschulte Hand der Restaurantmeisterin, die auch im Prüfungsausschuss der Kammer sitzt: Hier ist der Kunde König und wird kompetent und flott bedient. Die Wirtin selbst geht gelegentlich von Tisch zu Tisch, damit kein Wunsch offen bleibt, was zu einer persönlichen Atmosphäre beiträgt, ohne einem zu nahe zu treten. Jeden Monat bietet das Restaurant saisonal bezogene Menüs, etwa in der Spargelzeit oder Kürbisüberraschungen im Herbst. Darüber hinaus sind hier die literarischen Menüs sehr beliebt, die beispielsweise auch einmal ein anderes Weinland vorstellen samt seiner Küche, den landestypischen Weinen und literarischen Texten.

Hotel und Restaurant „Alter Vater Rhein"

Familie Faißt
Große Fischergasse 4
55283 Nierstein

Telefon: 0 61 33/56 28
Fax: 0 61 33/54 40
E-Mail: hotel@alter-vater-rhein.de
Internet: www.alter-vater-rhein.de

Öffnungszeiten: Mittags täglich 12.00–14.00 Uhr (außer Mo. und Fr.), abends täglich 17.30–21.00 Uhr, Donnerstag Ruhetag

Kreditkarten: Mastercard, Visa, American Express, EC-Card

Ambiente: Rustikal, 70er-Jahre-Einrichtung, Kurioses an den Wänden, sehr persönliche Atmosphäre

Essen und Trinken: Große Auswahl an Gerichten, Ideen aus der asiatischen/mediterranen Küche (Crossover), aber auch das Schmalzbrot fehlt nicht
Weine aus der näheren Umgebung

Komfortzone: Schlemmerecke für Studenten und Schüler unter 10 Euro

Parken: Am Haus möglich, ruhige Nebenstraße

Anfahrt: Aus Mainz kommend, Richtung Worms-Ludwigshafen, Nierstein-Oppenheim, B 9, in Nierstein 3. Straße rechts
Von Frankfurt kommend, Anschlussstelle Mainz-Laubenheim abfahren auf die B 9 Richtung Nierstein

Besonderheit: 2 Nebenräume für geschlossene Gesellschaften/Tagungen
Terrasse für 30 Personen
Gästezimmer (4 Einzel-, 6 Doppelzimmer)
Garagenplatz für Fahrräder
20 m entfernt von der Rheinfähre Landeskrone

Ich bin da, wo ich hingehöre

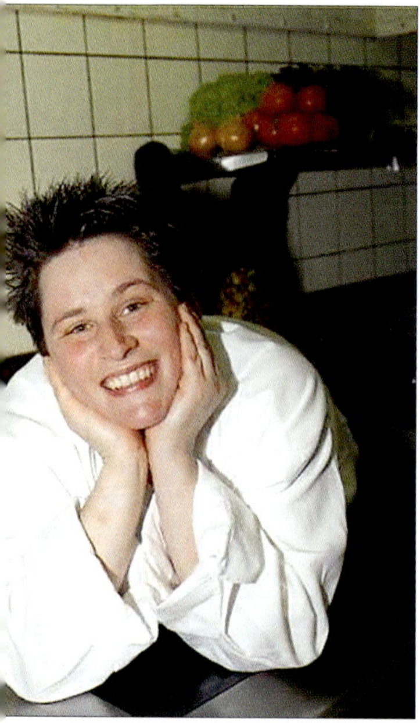

Patricia Faißt

„Patricia, ich möchte meinen Geburtstag bei euch feiern. Überlege dir was Verrücktes. Ich will es mal wieder richtig krachen lassen." Die das sagt, ist eine 85-Jährige, die Patricia schon von Kindesbeinen an kennt. Da hat die Kleine mit vier Jahren bereits den ersten Teller zum Tisch balanciert. Jetzt, fast 30 Jahre später, führt Patricia in der Küche die Regie und kann sogar die langjährigen Stammgäste des Hauses für ihre neuen kulinarischen Ideen begeistern. Darauf ist die 32-Jährige richtig stolz.

Die Eltern Marlene und Lothar Faißt hatten den Betrieb in den 70er Jahren vom Großvater übernommen und überlegten später, ob sie das Gasthaus verkaufen sollten, denn die einzige Tochter machte keine Anstalten, ihre Lehr- und Wanderjahre zu unterbrechen. Die junge Köchin war seit zehn Jahren unterwegs, zu ihren Stationen gehörten Häuser wie die „Traube Tonbach", der „Deidesheimer Hof" und das Restaurant „Manor" in New Jersey, USA. Als Patricia von den Plänen der Eltern hörte, stand die Entscheidung jedoch schnell fest: „Ich komme."

Seit sechs Jahren ist sie nun die Küchenchefin und überrascht ihre Gäste mit neuen Menüvariationen aus aller Herren Länder und frechen Eigenkreationen, die jetzt auch in ein Kochbuch eingeflossen sind. Vater Faißt hat ihr in der ersten Zeit bei der einen oder anderen verrückten kulinarischen Neuschöpfung schon mal den Vogel gezeigt. Wenn er dann jedoch mitbekommen hatte, wie die Gäste dahinschmolzen, kam er zurück in die Küche und bat versöhnlich: „Lass mal probieren."

Die 32-Jährige möchte Rheinhessen im neuen Gewand zeigen und Lust auf neue Geschmackserfahrungen machen. Sie lädt dazu ein, eingefleischte Vorstellungen über Bord zu werfen. Gerichte wie Blut- und Leberwurst auf Apfel-Meerrettichgemüse oder Schweinemedaillon im Rosinen- und Kapernrisotto stellen für ungeübte Gaumen eine kleine Herausforderung dar. Beliebt sind auch Patricias Rebknöspchen, Spätzle und Serviettenknödelteig in Mehl gewälzt und dann in Butter gebraten.

Natürlich gibt es auch Carl Zuckmayers Leibgericht: Rheinhessische, mit Lauch und Leberwurst gefüllte Klöße, auf Rahmkraut angerichtet. Der Schriftsteller war mit dem Großvater befreundet und diskutierte mit ihm zuweilen im Gastraum bei einem Gläschen Himbeergeist über Politik.

Die hochmoderne Küche steht ein bisschen im Kontrast zu den Gasträumen, wo von der Einrichtung her die Zeit stehen geblieben scheint und einem viel Kunterbuntes, Bilder und Sprüche von den Wänden entgegenspringen. So stammt auch der Name des Restaurants noch aus Opas Zeiten. Die viel gereiste Köchin hat keine Berührungsängste gegenüber Traditionellem. Hauptsache, die Küche ist up to date. Und das ist sie vor allem auch hinsichtlich der heutigen Erkenntnisse über Gesundheit: Hier wird ohne Farbstoffe und Geschmacksverstärker gearbeitet.

Erwarten können Sie also exzellentes Essen und eine sehr ungezwungene, persönliche Atmosphäre, die auch einmal zu tischübergreifenden Gesprächen führen kann – wenn es die Stimmung erlaubt. Patricia hat sich auch etwas für ihre jungen Gäste ausgedacht, um sie an das gute Essen heranzuführen: eine Schlemmerecke für Studenten und Schüler mit Gerichten unter 10 Euro. Und so finden Sie im „Alten Vater Rhein" Gäste aller Altersgruppen, in Jeans oder im Nerz.

Besonders schön ist auch die unmittelbare Nähe zum Rhein. Das Restaurant liegt nur 20 m entfernt von der Rheinfähre „Landskrone", mit der Sie nach Kornsand übersetzen können. Radfahrer, die auf ihrer Tour vorbeikommen und hier Halt machen oder übernachten, finden für ihre Fahrräder eine sichere Unterstellmöglichkeit in der Garage.

Das Restaurant „Alter Vater Rhein" wurde 2003 im Mainzer Gastroführer schon als innovatives Restaurant geführt und hat 2004 den Gastro Award gewonnen. Im selben Jahr ist Patricia Faißt wegen ihrer ideenreichen Küche von der Gemeinde zur Frau des Jahres gewählt worden. In Zusammenarbeit mit dem deutschen Weininstitut hat sie außerdem ein Kochbuch geschrieben. Im Südwestfunk stellte die leidenschaftliche Köchin eine Serie neuer Rezepte vor – zum Mitkochen. Ich denke, von der pfiffigen Küchenchefin wird man in Zukunft noch einiges hören.

Landhotel Schloss Sörgenloch

Thomas Heinecke
Schlossgasse 7–9
55270 Sörgenloch

Telefon: 06136/9527-0, -125, -126
Fax: 06136/9527-130

E-Mail: Land@SchlossSoergenloch.de
Internet: www.SchlossSoergenloch.de

Öffnungszeiten: Täglich 11.30–14.00 Uhr und 17.30–24 Uhr, kein Ruhetag

Kreditkarten: Eurocard, EC-Karte

Ambiente: Moderner Landhausstil

Essen und Trinken: Kreative mediterrane und klassische rheinhessische Küche auf hohem Niveau
Top-Weine aus der Region sowie Frankreich und Spanien

Komfort: Rollstuhlgerechte Hotelzimmer/eingeschränkt im Badbereich

Parken: Hauseigene Parkplätze

Anfahrt: A 63 Ausfahrt Saulheim, weiterfahren Richtung Nieder-Olm. Ort rechts umfahren Richtung Sörgenloch. In der Ortsmitte führt eine Straße links bergauf zum Rathaus am „Place des Ludes" und zum Schloss Sörgenloch.

Besonderheit: Der Sonnenuntergang auf der Terrasse
Hotelzimmer (24 Doppelzimmer, auch mit Internet-anschluss)
Tagungsräume
Vinothek
Regelmäßig stattfindende Weinproben mit Winzern aus der Region

Schlemmen, tagen und Urlaub machen

Schloss Sörgenloch, am Tor zum Selztal gelegen, ist ein guter Ausgangspunkt für Wander- und Radtouren in die rheinhessischen Weinorte wie Oppenheim, Nierstein oder Bodenheim.

Thomas Heinecke und Team

Das ehemalige Herrenhaus der früheren Lehnsherren von Sörgenloch steht seit dem Jahre 2000 unter der Regie von Thomas Heinecke. Für den ehemaligen Architekturstudenten war das Renaissanceschlösschen, das 13 Jahre leer stand, genau die richtige Herausforderung. Der gebürtige Mainzer entwickelte ein kluges Konzept für das denkmalgeschützte Haus, in dem es sich gut schlemmen, tagen und Urlaub machen lässt. Das Ergebnis verrät den erfahrenen Gastronomen, aber auch den Architekten, der weiß, wie man Stil und Schönheit eines Hauses herausarbeitet. Auf zwei Etagen finden Sie einen modernen Landhausstil vor, rustikale Schifferböden, nichts Plüschiges oder Überladenes, sondern klare Formen – Stimmigkeit. Der junge Koch Lucas Christgen bietet sowohl regionale Spezialitäten – in der Vinothek im Erdgeschoss – wie eine rheinhessische „Poulardenbrust auf Wirsing à la creme", aber auch Kompositionen der „neuen Küche" wie „Bachsaibling in der Zwiebelkruste" oder „Stubenküken mit Olivenkartoffeln".

Das 3-Sterne-Landhotel wartet mit 24 geräumigen Zimmern im ländlichen Stil auf, die auch über einen Internetanschluss verfügen. Aufgrund des guten Standortes, 15 Autominuten von Mainz, 30 km von Wiesbaden und 50 km von Frankfurt entfernt, ist Schloss Sörgenloch auch für Tagungen ein interessanter Ort.

Thomas Heinecke ist nicht der Typ von Schlossherr, der in seinem Herrenhaus thront – er ist einer, der Synergien sucht, Zusammenarbeit anbietet und in enger Verbindung mit den dortigen Winzern denkt und arbeitet. Deshalb ist Schloss Sörgenloch auch ein wichtiger Dreh- und Angelpunkt geworden für regionale Veranstaltungen der Weinbauern. So hat die Gruppe der Jungwinzer von „Message in a bottle" ihre alljährliche Veranstaltung „Wein in den Mai" dort durchgeführt. 2004 hatte das erste Rheinhessen-Festival „Rheinhessen – skandalös gut" im Schloss Sörgenloch seine Premiere mit Weinpräsentationen, Musik, Essen, Kultur und Tanz. Thomas Heinecke unterstützt auch außerhalb seines Hauses viele Veranstaltungen mit Catering. Jeden Sommer

lädt der Hausherr einen neuen Winzer aus der Region ein, um seine Weine vorzustellen.

Einzigartig ist vor allem der Sonnenuntergang auf Schloss Sörgenloch, den Sie auf der Terrasse genießen können. Wenn die Sonne wie ein großer Ballon über den Weinbergen hängt und Sie den Blick weit über das Land bis hin zum Hunsrück schweifen lassen – spätestens dann stellt sich auch bei Ihnen die rheinhessische Gelassenheit ein.

Königsmühlen-Radtour

Entfernung: 36 km

Rund-Radwanderweg: Nierstein – Gau-Odernheim – Nierstein

Diese Route führt Sie zu einem wunderschönen Gehöft, der 200 Jahre alten Königsmühle, die nach liebevoller Restaurierung heute das Weinkontor von Dirk Würtz beherbergt.

Den ersten Teil der Strecke fahren Sie auf der ehemaligen Bahntrasse „Valtinchen". Zwischen Nierstein und Friesenstein finden Sie entlang des Radwegs Skulpturen und Objekte zu den Themen „Rheinhessen in Bewegung" und „Menschenlandschaften" von Künstlerinnen der Kunstinitiative Rheinhessen. Der von Dexheim bis Friesenheim asphaltierte Rad- und Fußweg ist etwas hügelig, aber leicht zu bewältigen. In Friesenheim mündet der Radwanderweg „Valtinchen" in den Selztal-Radweg. Weiter vorbei an Weinbergen und Rübenfeldern passieren Sie die Weißmühle, Bechtoldsheim und die Klostermühle und gelangen schließlich zum Zielort Gau-Odernheim, Königsmühle. Die gesamte Strecke ist für Radfahrer sehr gut ausgebaut.

Zurück geht es über Dolgesheim und Eimsheim, den Guntersblumer Weg durch die Weinberge (Sonnenberg) bis Guntersblum, wo Sie auf den Rheinradweg stoßen. Auf dem Weg nach Nierstein kommen Sie durch Ludwigshöhe, wo Sie das Weingut Brüder Dr. Becker (nach Voranmeldung) besuchen können.

Sehenswert: Friesenheim, ein idyllischer Weinbauort mit neugotischer evangelischer Kirche und wertvoller Fenster-Kunstmalerei.
Guntersblum ist bekannt für den Kellerweg, der 1000 m oberhalb des Ortes entlangführt, wo die mehrstöckigen Weinkeller direkt in den Berg hineingebaut sind. Das beliebte „Kellerwegfest" findet am letzten Wochenende im August statt.

Abstecher: Auf dem Rückweg können Sie (nach Voranmeldung) das ökologische Weingut Brüder Dr. Becker in Ludwigshöhe besuchen.

Große Rhein-Radtour

Auf der „Veloroute Rhein“ von Basel nach Mainz/ Wiesbaden können Sie Teilabschnitte auswählen und entlang dieser Route zwischen Worms und Mainz an verschiedenen Orten einsteigen.

Gesamtlänge: 50 km

Rheinradweg: Nierstein – Worms – Nierstein

Die (ausgeschilderte) Veloroute Rhein führt durch eine reizvolle Natur- und Kulturlandschaft. Sie können wählen zwischen der Fahrt am Rhein, entlang verträumter Uferpartien, und dem Weg durch den Wonnegau (Rheinterrassen-Radweg), der durch idyllische

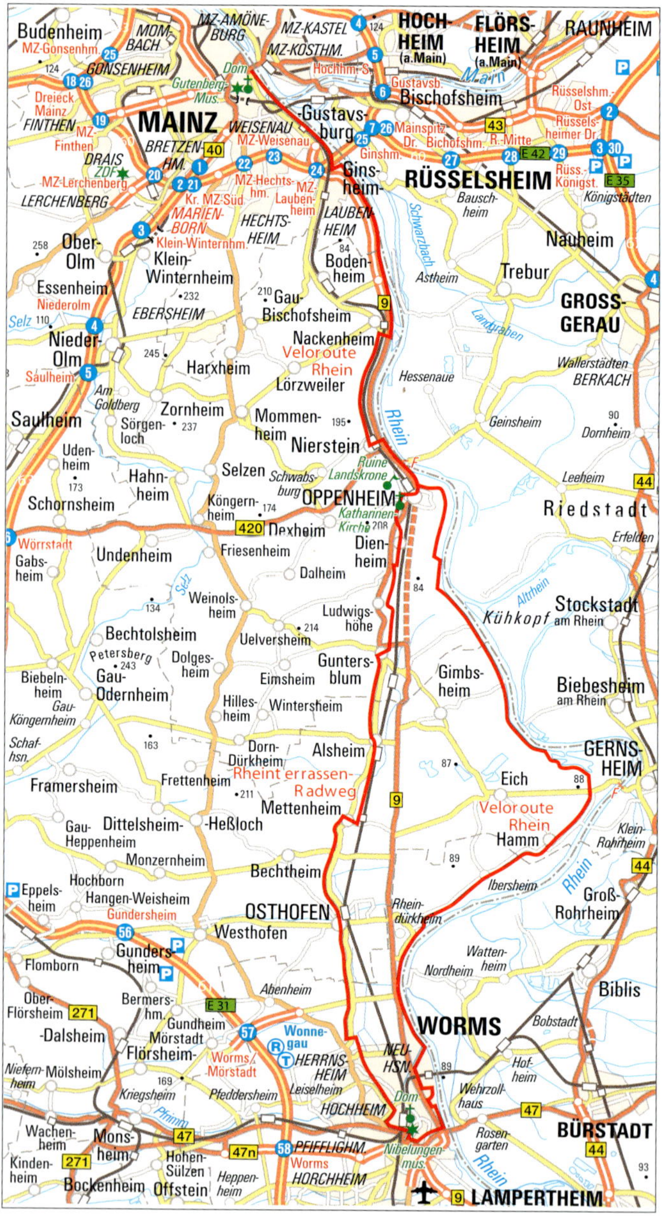

Budenheim
MOMBACH
MZ-AMÖNEBURG
MZ-KASTEL
HOCHHEIM (a.Main)
FLÖRSHEIM (a.Main)
RAUNHEIM
MZ-Gonsenhm.
GONSENHEIM
MZ-KOSTHM.
Hochhm.-S.
Main
Dom
Gutenberg-Mus.
Gustavsb.
Bischofsheim
Rüsselshm.-Ost
Dreieck Mainz
FINTHEN
MAINZ
Gustavsburg
Rüsselsheimer Dr.
MZ-Finthen
WEISENAU
Mainspitz Dr.
Bischofshm.
R.-Mitte
MZ-Weisenau
Ginshm.
E 42
DRAIS
ZDF
BRETZENHM.
Ginsheim
RÜSSELSHEIM
Rüss.-Königst.
E 35
MZ-Lerchenberg
MZ-Hechtshm.
MZ-Laubenheim
Königstädten
LERCHENBERG
Kr. MZ-Süd
MARIENBORN
HECHTSHEIM
LAUBENHEIM
Bauschheim
Schwarzbach
Klein-Winternhm.
Nauheim
Ober-Olm
Klein-Winternheim
Bodenheim
Astheim
Trebur
Essenheim
Niederolm
EBERSHEIM
Gau-Bischofsheim
GROSS-GERAU
Selz
Landgraben
Nieder-Olm
Nackenheim
Veloroute Rhein
Saulheim
Harxheim
Hessenaue
Wallerstädten
BERKACH
Lörzweiler
Am Goldberg
Zornheim
Mommenheim
Rhein
Geinsheim
Dornheim
Sörgenloch
Nierstein
Udenheim
Selzen
Ruine Landskrone
Leeheim
Hahnheim
Schwabsburg
OPPENHEIM
Schornsheim
Köngernheim
Katharinen-Kirche
Riedstadt
Wörrstadt
Dexheim
Dienheim
Erfelden
Gabsheim
Undenheim
Friesenheim
Dalheim
Weinolsheim
Altrhein
Stockstadt am Rhein
Ludwigshöhe
Kühkopf
Bechtolsheim
Uelversheim
Petersberg
Dolgesheim
Guntersblum
Gimbsheim
Biebelnheim
Gau-Odernheim
Eimsheim
Biebesheim am Rhein
Gau-Köngernheim
Hillesheim
Wintersheim
Schafhsn.
Dorn-Dürkheim
Alsheim
GERNSHEIM
Eich
Framersheim
Frettenheim
Rheinterrassen-Radweg
Mettenheim
Veloroute Rhein
Klein-Rohrheim
Gau-Heppenheim
Dittelsheim-Heßloch
Hamm
Monzernheim
Bechtheim
Ibersheim
Hochborn
Eppelsheim
Hangen-Weisheim
Groß-Rohrheim
Gundersheim
OSTHOFEN
Rheindürkheim
Westhofen
Gundersheim
Flomborn
Wattenheim
Nordheim
Abenheim
Biblis
Ober-Flörsheim
Bermershm.
E 31
Gundheim
WORMS
Bobstadt
-Dalsheim
Mörstadt
Wonnegau
NEU-HSN.
Flörsheim-
Worms/Mörstadt
HERRNSHEIM
Hofheim
Niefern-heim
Mölsheim
Wehrzollhaus
Kriegsheim
Pfeddersheim
Leiselheim
HOCHHEIM
Pfrimm
Dom
BÜRSTADT
Wachenheim
Monsheim
Rosengarten
Kindenheim
Hohen-Sülzen
PFIFFLIGHM.
Nibelungen-mus.
Worms
Bockenheim
Offstein
Heppenheim
HORCHHEIM
LAMPERTHEIM

Weinorte und Rebhänge führt. Im ersten Streckenabschnitt bis Oppenheim kommen Sie an bekannten Weinlagen vorbei, wie Sackträger, Kreuz Herrenberg, Krötenbrunnen und Schloss Herrengarten.

Ab Nierstein fahren Sie den Rheinterrassen-Radweg und gelangen über Oppenheim und Dienheim nach Ludwigshöhe, wo Sie (nach Voranmeldung) das Weingut Brüder Dr. Becker besuchen können. Weiter geht es über Guntersblum, Alsheim, Mettenheim, Osthofen und Herrnsheim nach Worms.

Zurück nehmen Sie die Veloroute Rhein, die Sie direkt am Fluss entlang von Worms über Hamm, Eich, Dienheim und Oppenheim nach Nierstein führt. Die Rückkehr ist auch mit dem Schiff möglich. 2005 könnten einige Deichbaumaßnahmen im Bereich Eich die Strecke behindern.

Sehenswert: In Oppenheim finden Sie schöne Gassen und Fachwerkhäuser, unterirdische Gänge und Gewölbe. Sie können das bekannte Kellerlabyrinth (die unterirdische Stadt) besichtigen, das Weinbaumuseum und die Burgruine „Landskrone" mit herrlicher Aussicht. Informieren Sie sich über die Festspiele im Sommer. Originell ist auch die kleine Weinschenke „Zum Fäßche", die eine herzhafte Küche und Weine aus zum Teil kontrolliert ökologischem Anbau anbietet.

Worms und die Nibelungen sind untrennbar miteinander verbunden: Das Nibelungenmuseum und die Nibelungen-Festspiele sind daher ein MUSS. Ebenso das Worms der Reformation rund um Luther und das „Jüdische Worms" mit seinen Synagogen und dem

Jüdischen Museum. Das größte Wein- und Volksfest am Rhein, das Wormser „Backfischfest" (das Traditionsfest der Wormser Fischerzunft) ist eine Reise wert. Für neun Tage herrscht hier heiterer Ausnahmezustand, dessen krönender Abschluss das traditionelle Fischerstechen ist. Ebenso populär ist inzwischen auch das alljährliche Open-Air-Jazzfestival im Juli, das Jazzfreunde aus aller Welt anzieht.

Abstecher: Ludwigshöhe: Besuch des ökologischen Weingutes Brüder Dr. Becker (nach Voranmeldung).

Tourist- und Festspielbüro der Stadt Oppenheim
Merianstraße 2
55276 Oppenheim
Telefon: 0 61 33/49 09 14
Fax: 0 61 33/49 09 29
E-Mail: info@stadt-oppenheim.de
Internet: www.stadt-oppenheim.de

Führungen Kellerlabyrinth Oppenheim (60 Minuten)
Kontakt: Telefon: 0 61 33/49 09-14 oder -19

Weinschenke „Zum Fäßche"
Mainzer Straße 64
55276 Oppenheim
Telefon: 0 61 33/92 49 53
Öffnungszeiten: Mo.–Sa. 16.00–24.00 Uhr,
So. 10.00–24.00 Uhr, Dienstag Ruhetag

Touristik-Information Worms
Neumarkt 14
57547 Worms
Telefon: 06241/25045
Fax: 06241/26328
E-Mail: touristinfo@worms.de
Internet: www.worms.de

Kirche in Nierstein

Niersteiner Wandertour

Entfernung: 5 km (eine Strecke)

Rund-Weinwanderung Nackenheim – Nierstein – Nackenheim

Besuch des Weinguts Gunderloch und Einkehr im Gasthof „Zum alten Zollhaus". In der Woche hat auch das Hotel Gereon sein Restaurant geöffnet.

Sie parken in Nackenheim und nehmen den Weg in die Weinberge nach Nierstein. In der Weinbergstraße (wo das Hotel Gereon liegt) biegen Sie links in die Adam-Winkler-Straße ein. Dieses Sträßchen führt vorbei an bunten Skulpturen hinauf in die Weinberge zum Wanderweg Rothenberg. Sie passieren das Forum Vinum, am ersten Kreuzweg gehen Sie links Richtung Rhein und dann an der Schautafel Nr. 5 wieder rechts. Der Weg führt Sie durch einen der schönsten und besten Rebhänge Rheinhessens, den Roten Hang, wo vor allem der Riesling wächst. Sie kommen an Wingertshäuschen und Rastplätzen vorbei und werden mit einer einzigartigen Aussicht auf den Rhein und ganz Rheinhessen belohnt. Auf diesem Weg gibt es keine Einkehrmöglichkeit, aber viele nette Plätzchen, um sich für ein mitgebrachtes Picknick niederzulassen.

Rückkehr mit dem Zug oder per pedes ein Stück am Rhein entlang. Auf der Höhe der DLRG-Station überqueren Sie die B 9 und biegen in die Rheinstraße ein, dann rechts in die Abtsgasse zum Radweg Richtung Nackenheim.

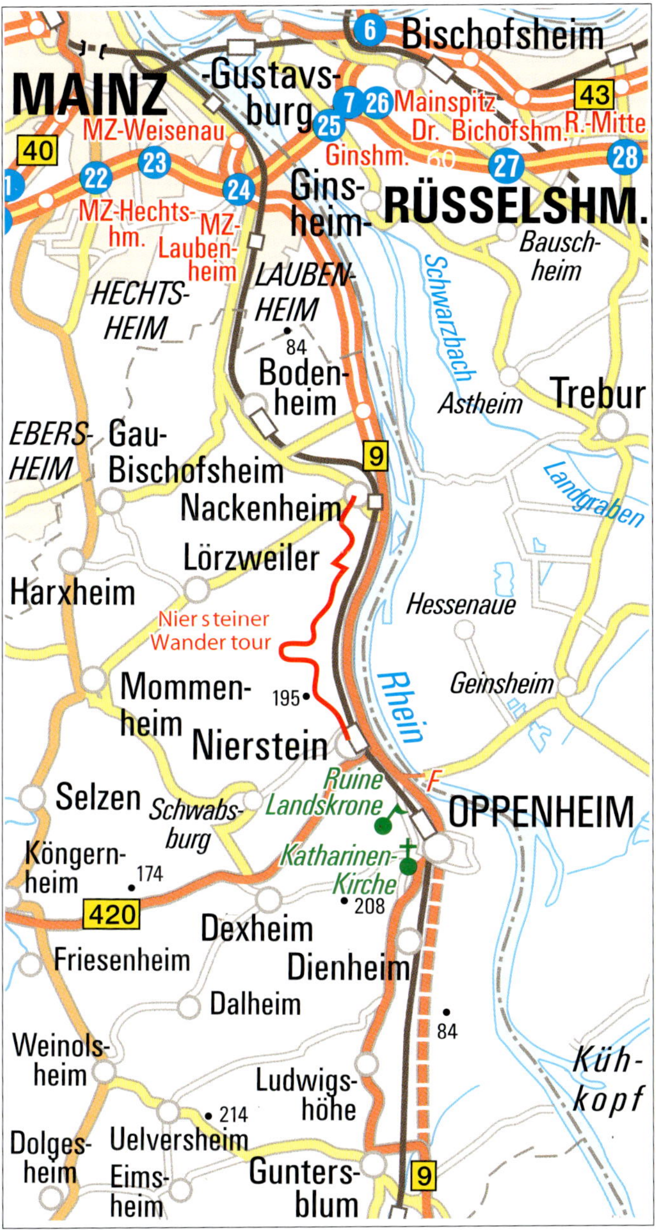

Bischofsheim
6
MAINZ
-Gustavs-
burg
7
26
25
Mainspitz
Dr. Bichofshm.
43
R.-Mitte
40
MZ-Weisenau
Ginshm.
60
28
22
23
24
27
Gins-
heim-
RÜSSELSHM.
MZ-Hechts-
hm.
MZ-
Lauben-
heim
Bausch-
heim
HECHTS-
HEIM
LAUBEN-
HEIM
84
Schwarzbach
Boden-
heim
Astheim
Trebur
EBERS-
HEIM
Gau-
Bischofsheim
9
Nackenheim
Landgraben
Lörzweiler
Harxheim
Hessenaue
Nier steiner
Wander tour
Mommen-
heim
195
Rhein
Geinsheim
Nierstein
Ruine
Landskrone
F
OPPENHEIM
Selzen
Schwabs-
burg
Köngern-
heim
174
Katharinen-
Kirche
420
208
Dexheim
Friesenheim
Dienheim
Dalheim
84
Weinols-
heim
Küh-
kopf
Ludwigs-
höhe
214
Dolges-
heim
Uelversheim
Eims-
heim
Gunters-
blum
9

Sehenswert: Nackenheim: Geburtshaus Carl Zuckmayers, die Freilichtspiele der Carl-Zuckmayer-Gesellschaft, St. Gereonskirche auf dem Kirchberg (1716–1731).

Nierstein: Deutschlands älteste benannte Weinbergslage „Glöck“, im Jahre 742 erstmals erwähnt. Das Glockenspiel mit 16 Glocken an einer Schänke in der Glockengasse, das viermal täglich (12.00, 15.00, 17.00 und 19.00 Uhr) erklingt. Niersteins Wahrzeichen, der Wartturm aus dem 12. Jahrhundert, von dem man einen weiten Blick über Rheinhessen hinweg bis zum Hunsrück und zum Taunus hat.

Abstecher: Besuch des Weingutes Kühling-Gillot in Bodenheim. Weinlehrpfad in Bodenheim.

Nackenheim ist eng verbunden mit dem Schriftsteller **Carl Zuckmayer,** der 1886 hier geboren wurde und die ersten vier Jahre seines Lebens verbracht hat, bevor die Familie nach Mainz zieht. Sein Vater besitzt eine Fabrik, in der Kapseln für Weinflaschen hergestellt werden. In vielen seiner Werke verarbeitet er heimatliche Themen der Zeit oder beschreibt in glühenden Farben das Rot der Rebhänge am Rhein. Die Erzählung „Götterdorf" ist eine Huldigung an seinen Geburtsort. Die Carl-Zuckmayer-Gesellschaft hat in Nackenheim ihren Sitz und führt jeden Sommer die rheinhessischen Volksstücke „Der Schinderhannes" und „Katharina Knie" sowie Zuckmayers „Der fröhliche Weinberg" im Freilichttheater auf. Das Nackenheimer Heimatmuseum zeigt eine Zuckmayer-Ausstellung, die man nach Vereinbarung mit der Gemeindeverwaltung besichtigen kann.

Gemeinde Nackenheim
55299 Nackenheim
Tel: 0 61 35/56 25
Fax: 0 61 35/8 02 57
E-Mail: Ortsgemeinde@Nackenheim.de
Internet: www.nackenheim.de

2.2 Der Wonnegau

Der südliche Teil Rheinhessens rund um Worms heißt Wonnegau. Hier kann man wunderbare Touren unternehmen entlang der alten Mühlen oder ins Zellertal hinein. Nach Worms ist es nur ein Katzensprung. Die älteste Stadt Deutschlands bietet einiges an kulturellen und historischen Attraktionen. Sehenswert sind vor allem der romanische Dom St. Peter, der älteste Judenfriedhof Europas, das Jüdische Museum und das Lutherdenkmal, das als das größte Reformationsdenkmal der Welt gilt. Worms ist auch bekannt als Nibelungenstadt und führt im August vor historischer Kulisse die Nibelungenspiele durch. Das Wormser Jazzfestival sowie das „Backfischfest“, ein großes Wein- und Volksfest, haben mittlerweile Tradition. Der Wonnegau gehört zu den trockensten und wärmsten Regionen in Rheinhessen, auf dessen kalkhaltigen und schweren Lehmböden Spitzenweine wachsen.

Liebfrauenkirche in Worms

Weingüter
Weingut Jean Buscher in Bechtheim
Weinkontor Dirk Würtz in Gau-Odernheim
Weingut Battenfeld-Spanier in Höhen-Sülzen
Weingut Milch in Monsheim
Weingut Gutzler in Gundheim

Landgasthöfe
Landgasthof am Heidenturm in Dittelsheim-Hessloch
Landhotel „Zum Schwanen“ in Osthofen
Landgasthof „Weingewölbe“ in Bermersheim

Touren
Mühlen-Radtouren
- Jakobs-Pilgerweg-Tour
- Spargel-Tour

Zellertal-Touren
- Zellertal-Radtour
- Osthofen-Radtour
- Kneipp-Wandertour

Verkehrsverein Südlicher Wonnegau
Hauptstraße 87
67590 Monsheim
Tel: 06 43/90 58 18
Fax: 06 43/77 38
E-Mail: info-suedl-wonnegau.de
Internet: www.suedl-wonnegau.de

Touristik-Information Worms
Neumarkt 14
57547 Worms
Tel: 06241/25045
Fax: 06241/26328
E-Mail: touristinfo@worms.de
Internet: www.worms.de

Weingut Jean Buscher

Jean Michael Buscher
Wormser Straße 4
67595 Bechtheim

Telefon: 0 62 42/8 72
Fax: 0 62 42/8 75
E-Mail: weingut@jean-buscher.de
Internet: www.jean-buscher.de

Öffnungszeiten: Mo.–Fr. 8.00–17.00 Uhr und nach Vereinbarung

Historie: 1844 Gründung des Weingutes

Rebsorten: Weiße: Riesling, Kernerrebe, Grauer und Weißer Burgunder, Silvaner, Muskateller, Müller-Thurgau, Gewürztraminer
Rote: Spätburgunder, Dornfelder, Blauer Portugieser, Schwarzriesling, Heroldrebe, Regent, Rosenmuskateller
Ausbau in Holzfässern und Barrique

Geschmacksbreite: trocken/halbtrocken 85 %, lieblich 15 %

Reblagen und Böden: Bechtheimer Geyersberg, Hasensprung, Rosengarten, Steingarten
Lösslehm

Größe und Produktion: 16 ha, 17 000 Flaschen jährlich

Besonderheit: Raritätenweine bis 1911, Gewölbekeller
Probierstube mit historischen Ausstellungsstücken
Jeden 1. Mai die Veranstaltung „Kunst in Jean Buschers Weinkeller" (nur mit Anmeldung)

In vino veritas

Vorab eine kleine Geschichte: Drei Mönche, der Koch, der Kellermeister und der Abt, hocken im Keller und streiten darüber, wonach der Wein schmeckt. Der erste sagt: Der schmeckt nach frischem Holz. Nein, sagt der zweite, Unsinn, der schmeckt nach Eisen. Ach was, der

Jean Buscher

Wein schmeckt eindeutig nach Leder, meint schließlich der dritte. Und so streiten sie viele Tage, bis das Fässchen leer ist. Der Kellermeister säubert das Fass und stellt den Spund nach unten, sodass das Wasser auslaufen kann. Da fällt ein kleiner Schlüssel heraus, an einem Lederbändchen befestigt, mit einem Stück Holz dran ...

Jean Michael Buscher zeigt verschmitzt auf die drei Mönche, die in seinem Keller an der Wand riesengroß abgebildet sind. Auch er ist ein Streitbarer, der nicht auf den Mund gefallen ist und sich schon einmal mit Weinbewertern anlegt, wenn sie ihm zu „gottgleich" auftreten.

Der Wein-Unternehmer

Der Bechtheimer Winzer ist in den letzten 20 Jahren einen anderen Weg gegangen als viele seiner Kollegen. Ende der 70er Jahre hat er das Weingut vom Vater übernommen als jüngster Sprössling neben fünf Schwestern. In dieser Zeit wurde auch das Gasthaus „Zum weißen Lamm", ehemals von den Großeltern geführt, aufgegeben und alle Kraft in den Weinbau gesteckt. Der 70-jährige Vater zog sich sofort aus dem Betrieb zurück und sagte: „Jetzt machst du das einfach mal." Jean Michael machte sich nach seiner Weinbau-kaufmännischen Ausbildung sehr bald Gedanken darüber, wie der Betrieb weiterzuführen und auszubauen sei, ohne auf eine Mitarbeit von Ehefrau und Eltern zählen zu können, wie das sonst in den meisten Weingütern üblich ist. Denn seine Frau wollte weiterhin ihren Beruf als Lehrerin ausüben. Allerdings unterstützt sie ihren Mann schon seit vielen Jahren auf Weinpräsentationen und Veranstaltungen. In einigen Jahren wird auch der Filius einsteigen, wenn er seine Ausbildung an der Forschungsanstalt in Geisenheim beendet haben wird.

Zwangsläufig musste Buscher das Ganze unternehmerisch angehen. Schließlich beschäftigte auch sein Vater schon einen eigenen Kellermeister und so baute sich der

Junior ebenfalls sein Team auf, das das Weingut im Büro, Lager und Keller unterstützt. Jean Michael Buscher wurde zum Weinunternehmer, ein Begriff, der unter Winzern nicht immer als ehrenvoll betrachtet wird und den auch die Presse und die Kunden manchmal nicht so gerne hören. Zerstört er doch ein bisschen die Romantik des Weinnaturburschen, der mit schwieligen Händen überall selbst mit anpackt. Jean Michael hat da jedoch keine Probleme mit der Identität. Er sieht sich als echten Winzer, weil er mit ganzem Herzen bei der Sache ist, wenn es darum geht, gute Weine zu machen. Aber muss er dafür den ganzen Tag im Wingert oder im Keller verbringen? Auch andere Unternehmen sind erfolgreich und bringen hervorragende Produkte hervor, obwohl der Chef sie nicht mehr selbst herstellt, sondern gute Leute dafür hat. Buscher wird kreativ wenn es darum geht, neue Verbindungen zum Wein herzustellen, pfiffige Ideen zu entwickeln, den Wein an den Mann oder die Frau zu bringen.

Kultur im Weinkeller

Jean Buscher wurde bald bekannt für seine originellen Weinetiketten, die deutlich aus der Reihe der oft konservativen, wappenumsäumten, wenig inspirierenden deutschen Weinlabels hervorstachen. Begonnen hatte alles 1984 mit der neuen Probierstube und dem 140-jährigen Jubiläum, das alles andere als ein Bratwurstfest werden sollte. Die Buschers starteten eine Veranstaltungsreihe, die seit nunmehr 20 Jahren mit 200 bis 250 Gästen regen Zulauf hat: Kunst im Weingut Jean Buscher. Viele Künstler, darunter

Weinkeller im Weingut Jean Buscher

auch bekannte wie der Kirchenmaler Hermann Gottfried, der Bildhauer Otmar Alt oder Matthias Koeppel, haben im Weingut ausgestellt und jeweils eine in Metall geprägte, von Hand kolorierte Flaschenausstattung entworfen. Die limitierte Auflage von 900 Flaschen, einzeln verpackt und mit einem Zertifikat versehen, hat Sammlerwert. Die Veranstaltungen haben Event-Charakter und Jean Michael Buscher erweist sich als talentierter Moderator, der die Vernissagen mit Witz und Esprit eröffnet und immer Geschichten rund um das Thema Wein parat hat.

1985 griff Buscher mit dem Erscheinen des Halleyschen Kometen ein Ereignis auf, mit dem sein ebenso kreativer Großvater Jean schon Furore gemacht hatte. 1911 gab dieser den „Kometenwein" heraus, weil 1910 der Halleysche Komet, der nur alle 75 Jahre in Erscheinung tritt, mit seinem Schweif den ganzen Himmel bedeckt und alle Welt in Aufregung versetzt hatte. Nun war es also wieder so weit und Jean Michael Buscher präsentierte ebenfalls eine Flasche mit dem Etikett „Kometenwein". Der Winzer liebt die Sensation, das Einmalige, aber immer in Verbindung zum Leben, zum Zeitgeschehen. Und warum eigentlich nicht? Warum sollte der Wein neutral und zeitlos bleiben, obwohl er doch auch ein Gewächs seiner Zeit ist und als Botschafter für Lebensart und Lebensqualität gilt?

Das Raritätenkabinett

1999 beschloss der Winzer zum Jahrtausendwechsel Spuren zu legen für die Zukunft. In der Fernsehsendung „Zum Fröhlichen Weinberg" füllt er eine Flasche aus römischer Zeit mit gutem Wein, verschließt sie mit Öl, Wachs und Siegellack in einem vom Juwelier hergestellten Goldkäfig und lässt sie von Stargast und Sänger Tony Marshall in seinem Keller einmauern mit der Aufschrift: „Wein 2000 – 1. 1. 4000" – eine vorgesehene Lagerungszeit also von 2000 Jahren!

Buschers Schatzkammer im Keller birgt wirklich einzigartige Raritäten. Nicht viele Winzer haben wohl noch Weine von 1911. Die Raritätenprobe, die erst kürzlich anlässlich des 150-jährigen Jubiläums durchgeführt wurde, endete mit einer Versteigerung, die der Region zugute kam, nämlich 2000 Euro für den Wormser Dom einbrachte.

Viele Jahre hieß es – oft ein bisschen ironisch – in der Weinpresse: Gut und schön, die Etiketten sind ja wirklich originell, aber wie sieht es denn mit den Weinen aus? Die Skepsis gegenüber einer Marketing-Idee, die originelle Etiketten, öffentliche Auftritte und Entertainment als Mittel zur Konsumsteigerung wählt, mag ihren Ursprung darin haben, dass man mit Show üblicherweise mehr Schein als Sein verbindet. Konsequenterweise müsste man sich allerdings fragen, ob denn durch „Show" ein bescheidener Wein besser wird – und ein guter Wein schlechter?

Über den Tellerrand hinweg

Jean Buscher hat schon immer den Blick über die Bechtheimer Rebenhänge hinweg gewagt. Fast zehn Jahre nahm er mit seinen Weinen am Bundespresseball teil, immer in Tuchfühlung mit Prominenten, deren Fotos seine Wände schmücken. Der Bechtheimer ist ein engagierter und politisch denkender Mensch – sitzt im Vor stand des Arbeitskreises selbstständiger Unternehmer Rhein-Main –, der sich einmischt und mitmischt. So findet schon mal eine Veranstaltung zur deutsch-polnischen Völkerverständigung in seinem Weingut statt. Die Zukunft liegt eben nicht zuletzt in der Region, und Buscher ist so klug, auch hier die Tradition zu pflegen, in diesem Fall mit den vereinten Kräften der Winzerkollegen vor Ort. In dem neuen Projekt geht es darum, auf die jahrhundertlange Tradition von Bechtheim aufmerksam zu machen, die bereits 1780 eine Weinlageverordnung hervorgebracht hat, um das Leininger Terroir Bechtheim für den Ausbau von Riesling und Traminer zu kultivieren.

Jean Michael Buscher ist bei aller Neugier und Aufgeschlossenheit für das Ungewöhnliche ein großer Traditionalist und Bewahrer. Seine Probierstube ist ein Zeugnis dafür. Hier findet man alte Münzen und Schriften rund um den Wein, Tische aus alten Traubenbütten und als Mittelpunkt den ehemaligen Stammtisch der von den Eltern geführten Gaststätte „Zum weißen Lamm“.

Eine Geschichte bleibt ihm in bester Erinnerung. Kurz vor Ende des Zweiten Weltkrieges hatten die Eltern Weine eingemauert und einige davon auch zu den Dominikanermönchen, zu denen sie eine gute Verbindung pflegten, zur Aufbewahrung gebracht. Als der Wein nach Kriegsende wieder abgeholt wurde, hatte wohl einer der Mönche zuvor ein paar Flaschen zur Seite geschafft und in den mit Stroh ausgelegten Wasserrohren versteckt: 1982 brachte ein Wasserschaden eine Flasche wieder zum Vorschein, eine vom Jahrgang 1947, Jean Buschers Geburtsjahr. Eines Tages besucht ihn einer der Mönche mit einer Flasche im Arm: „Ich habe da etwas für Sie, Herr Buscher.“ Schon von weitem sieht Buscher, dass es sich um eine sehr alte Flasche handeln muss, und sein Herz schlägt höher. Der Mönch überreicht sie ihm – sie ist leer. Buscher schluckt betroffen.

Einer der Mönche musste wohl die Flasche gefunden und sie ganz ohne Ehrfurcht vor dem Alter des Jahrgangs getrunken haben. Wein ist Wein, wird er wohl gedacht haben. Auf diesen Schreck konnte man eigentlich nur einen Schnaps trinken – aus Rebensaft gebrannt natürlich!

Weinkontor Dirk Würtz

Familie Würtz
Königsmühle
55239 Gau-Odernheim

Telefon: 06733/948601
Fax: 06733/948602
E-Mail: dasweinkontor@t-online.de
Internet: www.weintrend.de

Öffnungszeiten: Mo.–Fr. 10.00–19.00 Uhr, Sa. 10.00–16.00 Uhr, Sonntag nach Vereinbarung

Historie: Ehemalige Mühle aus dem 18. Jh., unter Denkmalschutz

Rebsorten: Weiße: Riesling 80 %, Silvaner und
Chardonnay je 5 %
Rote: Spätburgunder 10 %

Geschmacksbreite: trocken 99 %, feinherb 1 %

Reblagen und Böden: Dienheimer Tafelstein
Löss mit hohem Kalkanteil

Größe und Produktion: 6 ha, 26 000 Flaschen
jährlich

Besonderheit: Import französischer Rotweine und
von Champagner
Probierstube im mediterranen Stil
Organisation von kulinarischen Weinproben

Das Leben ist zu kurz für schlechten Wein

Es genügt nicht mehr, nur guten Wein zu produzieren. Wir haben ein Produkt, für das es keinen zwingenden Bedarf gibt. Also müssen wir ihn wecken, und das läuft nur über Emotionen. Wie beim Auto. Das Drumherum ist wichtig. Entweder du hast ein Chateau oder du machst die Disneynummer oder alles läuft über die Persönlichkeit." Dirk Würtz nimmt kein Blatt vor den Mund. Eigentlich treffen diese Aussagen alle auch auf ihn zu. Mit Ehefrau Gaby und seinen zwei Kindern bewohnt er ein kleines Schlösschen, die Königsmühle.

Dirk Würtz und Hubertus Weinmann

Die „Disneynummer" drückt sich aus in seinem Sinn für Humor, in der Lust an Eventvollem, im Mut zu Dingen, die gegen den Strich gebürstet sind – mit Happy End allerdings. Wenn Würtz einen Raum betritt, ist er nicht zu übersehen, nicht nur aufgrund seiner stattlichen

Größe, sondern auch, weil er – zack – sofort da ist, präsent, aber locker auf Leute zugeht und schnell mit ihnen ins Gespräch kommt.

Die denkmalgeschützte Getreidemühle aus dem 18. Jahrhundert gehörte einmal zu einem hochherrschaftlichen Anwesen. 20 Jahre lang hat sie leer gestanden, war verwahrlost, zuletzt ein Obdachlosenasyl der Gemeinde, bevor Dirk Würtz sie entdeckt und restauriert hat. Würtz ist Winzer, ein zugereister allerdings. Außerdem ist er Quereinsteiger. Denn im „ersten Leben" hat er Betriebswirtschaft, Politik und Geschichte studiert. Sehr bald aber verschlug es ihn in die gastronomische Szene, was zu einer eigenen Kneipe führte. Und irgendwann wagte er dann den Einstieg beim renommierten Weingut Weil im Rheingau. Dort hat er die Kunst der Kellerwirtschaft gelernt. Und seitdem hat ihn der Wein nicht mehr losgelassen. Die Region schon. Denn Würtz hat Sinn für verborgene Schätze, liebt Orte, wo Dinge im Aufbruch sind und wo man etwas bewegen kann: Er zieht mit seiner Frau nach Rheinhessen. Und fängt Feuer.

Zusammen mit seiner Frau Gabriele, die vorher Restaurantleiterin in der Assmannshäuser „Krone" im Rheingau war, entwirft er ein Konzept, das ihm die Möglichkeit gibt, das Produkt Wein auf verschiedenen Ebenen anzufassen. Würtz verfährt ganz pragmatisch. Da der 35-Jährige auf keinem elterlichen Weingut aufbauen kann, muss er bei null anfangen. Er lässt sich von seiner Liebe zu den französischen Rotweinen leiten und beginnt mit dem Import und Handel von Rotweinen und Champagner. Einen Teil der Weine macht er zusammen mit einem ökologischen Winzer, Hubertus Weinmann vom Weingut Neumer. Dieser besorgt den Außenbetrieb, weil er einen „grünen Daumen“ hat, Würtz kümmert sich um den Keller. Aus Weinmanns erstklassigen Trauben könne man eigentlich gar keine schlechten Wein machen, meint Würtz bescheiden. Eines seiner Steckenpferde ist der Pinot Noir, den er im Barrique ausbaut, wo er fast ein Jahr verbleibt. Viel Handarbeit, 20 Tage auf der Maische und jede Menge Aufmerksamkeit sind da vonnöten.

Bei den Fachdebatten rund ums „Terroir“ schwimmt Würtz gegen den Strom. Modenamen, Modetrends wecken seinen Widerspruchsgeist. Terroir hin oder her, Würtz spricht lieber von „Heimatwein“, weil er die Diskussionen um Böden und Klima für übertrieben hält. Die Zeit sei zu kurz, um sie mit zweifelhafter Theorie und schlechtem Wein zu verbringen. Er setzt eben mehr auf den Faktor Mensch und präsentiert seine eigenen Weine schnörkellos, eindeutig und frech: Der „Potate“ etwa kommt mit Schraubverschluss daher und fordert in seinem lateinischen Namen unverhohlen: „Sauft!“ Er ist ein Renner geworden. Würtz’ Selektion bei seinen Weinen ist leicht zu verstehen: Es gibt Wein 1, das ist der beste, und Wein 2, das ist der Rest. So einfach, wie aus seiner Sicht auch Weinetiketten sein müssen – auf Anhieb verständlich. In maximal zwei Sätzen müsse man erklären können, was drin sei im Wein. Sonst stimme was nicht. Wenn etwas nicht stimmt, sieht Würtz das sofort, er hat dafür ein untrügliches Gespür gepaart mit Wissen und dem Blick für das Ganze. Deshalb wird sein Rat auch gerne von denen eingeholt, die sich neu positionieren oder – z. B. bei Weinschulungen in Firmen – nicht blamieren wollen, Würtz' Lektionen kommen gut an, denn sie verzichten auf den erhobenem Zeigefinger, sind unverblümt, frech, aber stets voll Respekt.

In manchen Dingen sei der zugereiste Weinmacher patriotischer als die Rheinhessen selbst, meint sein sehr heimatverbundener Freund, der Winzer Oliver Spanier mit liebevollem Unterton. Wenn es um die Region geht, wird Würtz tatsächlich leidenschaftlich. Versteht nicht, dass die Rheinhessen sich oft nicht als Rheinhessen ausgeben, wenn sie unterwegs sind: „Die Rheingauer würden es sich mit Leuchtfarbe auf die Stirn tätowieren, wenn es ginge."

Und dann – wie die im Rheingau feiern können! Das können wir auch, dachte Würtz und organisierte im April 2004 das erste Rheinhessen-Festival „Rheinhessen – skandalös gut", das im Schloss Sörgenloch stattfand, mit guten Weinen, Essen, Musik und Kultur. Das Festival hat so gut eingeschlagen, dass es künftig mit Hilfe von Sponsoren und Partnern zur ständigen Einrichtung werden soll.

Wein- und Sektmanufaktur Battenfeld-Spanier

Hans Oliver Spanier
Bahnhofstraße 34
67591 Hohen-Sülzen

Telefon:
0 62 43/90 65 15
Fax: 0 62 43/90 65 29

E-Mail: kontakt@battenfeld-spanier.de
Internet: www.battenfeld-spanier.de

Öffnungszeiten:
Nach Vereinbarung

Oliver Spanier

Rebsorten:
Weiße: Riesling 50 %,
Silvaner 5 %, Weiße Burgundersorten 8 %
Rote: Spätburgunder 20 %, sonstige Rebsorten 17 %
Sekt

Geschmacksbreite: trocken 95 %, edelsüß 5 %

Reblagen und Böden: Hohen-Sülzer Kirchenstück,
Flörsheimer Frauenberg, Rosengarten
Löss, Kalkmerkel, Buntsandstein

Größe und Produktion: 17 ha, 80 000 Flaschen jährlich
Mitglied im Bundesverband Ökologischer Weinbau (ECOVIN)

Der Steinadler im Weinberg

Dass er Winzer werden wollte, wusste Hans Oliver Spanier schon im Alter von vier Jahren, als er mit dem Opa auf dem Traktor fuhr. Mit 16 Jahren baute er den ersten eigenen Jahrgang aus. Die Eltern dagegen versuchten den Jungen von seiner Idee abzubringen und ihn zum Studium der Betriebswirtschaft zu bewegen. Die Spaniers hatten den Betrieb 1983 heruntergefahren, sie sahen in dieser Zeit keine weiteren Perspektiven mehr im Weinbau und orientierten sich mit einem Handelsunternehmen neu.

Das Jahr Handelsschule ließ Oliver noch über sich ergehen, aber die Vorstellung, Zeit seines Lebens in einem Büro eingeschlossen zu sein, führte zu einer radikalen Entscheidung. Er wollte den elterlichen Betrieb übernehmen und zum Erfolg bringen. Er ganz allein, denn der Vater sagte „ohne mich" und übertrug 1989 dem 18-Jährigen die volle Verantwortung.

Wo hat er diesen Biss und diese Energie hergenommen, so ein Unternehmen im Alleingang wieder aufzubauen, frage ich ihn. „Vielleicht war's mehr Sturheit als Intelligenz", lacht er. Oder einfach die Liebe zur Region. Der Ehrgeiz, den Wein wieder dorthin zu bringen, wo er Anfang des letzten Jahrhunderts einmal gewesen sei. Schlaflose Nächte habe er jedenfalls damals nicht gehabt, dazu sei keine Zeit gewesen – die kämen erst heute.

Das Weingut im Aufbruch

Der junge Winzer hat es nach seiner Ausbildung zum Weinbauer klug angefangen. Er beobachtete seinen Nachbarn, den Battenfeld, Sohn aus guten Hause. Dieser hatte in seinem Leben noch nie hart arbeiten müssen. Auch nicht auf seinem Weingut, das er neu erworben hatte. In den 80er Jahren war es „hip", auf ein Weingut zu ziehen. Nun hatte der Battenfeld zwar Weinberge, aber keine rechte Ahnung davon, was er damit anstellen sollte. Oliver ging auf ihn zu und sagte: „Was du da machst, ist kompletter Unsinn. Jetzt machen wir mal was Gescheites. Ich übernehme deine Arbeit und die Weinberge, bau sie aus und dann gucken wir mal, was daraus wird." Battenfeld, intelligent, aber offenbar nicht für das normale Leben geboren, war es recht. Heute lebt er in Frankreich und erhält eine jährliche Equipage.

Der junge Spanier pflanzte alles neu an, konnte richtig Gas geben und zeigen, was in ihm steckt. Seit 1997 heißt das Weingut Battenfeld-Spanier, Wein- und Sektmanufaktur – der Name ist Programm. Oliver Spanier wollte sich nach seiner Ausbildung an der Weinbauschule ein Stück von der gelehrten Technikgläubigkeit distanzieren. Schließlich sei das meiste Handarbeit, besonders auch beim Sektmachen. Auch wenn er im Weinberg gar nicht mehr selbst Hand anlegt, steht der neu ausgebaute Keller mit Edelstahl-, Holz- und Barriquefässern ausschließlich unter seiner Regie. Und was dann den Keller wieder verlässt, ist wirklich Erlesenes, sehr Individuelles, Edles. Der Winzer ist mit 50 Hektolitern pro Hektar bei einer Gesamtfläche von 17 Hektar besonders radikal, was die Ertragsreduzierung angeht, sodass die verbleibenden Trauben umso mehr Kraft entfalten können.

Weine können Geschichten erzählen

Oliver Spanier will das Beste aus der Natur herausholen und die Eigenarten der Lagen und Trauben zum Ausdruck bringen. Für ihn ist jeder Wein ein Unikat, etwas sehr Individuelles. Er soll so wachsen, wie er ist, deshalb will Spanier von so genannten Trends gar nichts wissen, wehrt sich gegen Uniformität und Mittelmaß. Seine Weine schmecken noch in 50 Jahren, davon ist er überzeugt. Weine müssen eine Geschichte erzählen. Vielleicht brauchten manche Weine nicht immer eine große Geschichte, fügt Spanier hinzu, aber sie müssten dennoch einen besonderen Anspruch erfüllen.

Lachend erzählt er von einer Japanerin, die Etiketten von Weinflaschen sammelt. Immer wenn sie einen besonders guten Wein trinke, behalte sie das Weinetikett und lege es sich unter das Kopfkissen, um das besondere Erlebnis ganz in sich aufzunehmen und nachklingen zu lassen. Spanier hat Verständnis für solche kleinen Verrücktheiten und Leidenschaften rund um den Wein. Wenn das auch mit seinen Weinetiketten passierte, hätte er nicht viel dagegen, schmunzelt er.

Sich messen lassen

In den letzten Jahren haben seine Weine vor allem auch bei Blindproben sehr gut abgeschnitten. Zuletzt bei einer deutsch-österreichischen Rieslingverkostung, die 2003 in Wiesbaden mit 50 Sommeliers stattfand. Oliver Spanier schwitzte Blut und Wasser, er fühlte sich wie vor einer Prüfung. In der letzten Ausscheidung landete sein Frauenberger Riesling neben Pichlers „Achleiden" aus Österreich – in solch einer Verkostung werden die Weine immer paarweise, gewissermaßen gegeneinander verkostet.

Spanier musste daran denken, was immer über den Pichler gesagt worden war: „Das Größte was es gibt, die Reinkarnation der Mineralität. Und neben ihm steht mein Wein! Unglaublich!" Dann großer Jubel: Der deutsche Frauenberger Riesling hatte gesiegt, ein einzigartiger, cremiger, sehr ausgewogener Wein, der eine extrem lange Gärzeit von neun Monaten gehabt hatte und spontanvergoren (also ohne Zusatz von Reinzuchthefe) worden war – Spaniers ganz besonderes „Baby".

Oliver Spanier liebt Wettbewerbe, er hat mit seinen Weinen auch an der „Selection Rheinhessen" teilgenommen, empfindet jedoch zu starke Vorgaben und Richtlinien als Einmischung in seinen Stil, Weine auszubauen. Ratschläge nimmt er nur von erfahrenen Winzern an – auf das Urteil seines Großvaters, als dieser noch lebte, hat er besonders vertraut. Aber von den „Weichgespülten", wie er sie nennt, hält er sich fern. Spanier redet keinem nach dem Mund, nur um entdeckt zu werden. Doch weiß er, dass man – wie überall – eine Lobby braucht: „Wenn du ein langweiliger, nichtsnutziger Typ bist, der den ganzen Tag im Keller sitzt, um Wein zu pumpen, wirst du nie auf einen grünen Zweig kommen." Auch wenn der 32-Jährige im Kontakt mit Kunden eher ein bisschen kantig wirkt und nicht viel für Small Talk übrig hat, zu sagen hat er einiges. Er nimmt kein Blatt vor den Mund und nennt die Dinge beim Namen, ohne humorlos oder derb zu werden.

Ökologie – aus Liebe zum Wein

Als er 1996 den Betrieb ökologisch umstellte, geschah das aus Liebe zum Wein. Der eher sportlich-salopp gekleidete Spanier ist nicht der klassische Birkenstockträger und will sich nicht ideologisch festlegen müssen. Aber die Methoden der Ökowinzer, etwa den Pilzen mit Kupfer zu Leibe zu rücken, haben ihn überzeugt. Gesunder Menschenverstand ist das, wer will schon in den Weinbergen mit den scharfen Pestiziden arbeiten, womöglich noch Allergien entwickeln oder Spuren davon im Wein finden. Der sehr viel größere Aufwand lohnt sich aus seiner Sicht, die Reben sind widerstandsfähiger geworden, wurzeln tiefer und erzeugen komplexere Weine. Bei aller Wirtschaftlichkeit ist es letztendlich die Haltung, die zählt. Die Liebe zur Qualität auch beim Essen – lieber weniger, dafür aber besser. Die Ökologie trägt Spanier nicht vor sich her, er ist jedoch Mitglied bei ECOVIN und arbeitet für den Verband daran, die Qualitäten des Ökoweins stärker ins öffentliche Bewusstsein zu rücken. Gleichzeitig baut er in einem Pilotprojekt für eine Großkellerei an der Mosel Weine im Premiumbereich aus.

Neue Weine braucht das Land

Oliver Spanier ist wie ein Steinadler, der täglich seine Kreise über sein Land zieht, meist allein. Der Umstand, dass er zurzeit noch ohne Einbindung in eine eigene Familie lebt, veranlasst ihn, die Kommunikation und Verbindung mit den Winzerkollegen besonders intensiv zu pflegen. So führt sein Engagement in der Gruppe „Message in a bottle“ zu gegenseitigen Besuchen, Weinproben und zum Erfahrungsaustausch. Manchmal werden dabei neue Projekte und Marktstrategien ersonnen: „Solange in Deutschland noch 100 Millionen ‚Turning Leaf‘ von Gallo gesoffen werden, haben wir noch jede Menge Potenzial, das wir ausschöpfen können, und eine Menge Missionsarbeit zu leisten“, erhitzt sich Spanier.

Eines seiner Zukunftsprojekte ist ein Weinberg am Rosenberg, den er zusammen mit einem Winzerkollegen neu anbauen wird. Mandelbäume will er pflanzen und einen Freisitz bauen, der einen herrlichen Blick zum Donnersberg gewährt – ein Platz um mit Kollegen Neues auszuhecken, mit Kunden einen schönen Wein zu trinken, über das Land zu schauen und einfach nur zu genießen.

Weingut Milch

Karl-Hermann Milch
Rüstermühle
67590 Monsheim

Telefon: 0 62 43 / 3 37
Fax: 0 62 43 / 67 07
E-Mail: info@weingut-milch.de
Internet: www.weingut-milch.de

Öffnungszeiten: Mo. – Fr. nach Vereinbarung,
Sa. 9.00 – 12.00 Uhr und 13.00 – 17.00 Uhr
Bestellung online möglich

Historie: 300 Jahre altes Weingut, ehemalige Getreidemühle

Rebsorten: Weiße: Müller-Thurgau 15 %,
Riesling 8 %, Chardonnay 6 %
Rote: Spätburgunder 18 %, Dornfelder 15 %,
Scheurebe 8 %, Domina und Frühburgunder 10 %,
übrige Sorten 20 %
Ausbau im Barrique (Burgunder und Chardonnay)

Geschmacksbreite: trocken 42 %, halbtrocken 20 %, lieblich 30 % und süß 8 %

Reblagen und Böden: Monsheimer Rosengarten, Silberberg. Lösslehm und Sand

Größe und Produktion: 11 ha, 40 000 Flaschen jährlich

Besonderheit: Kreuzgewölbekeller
Jugendstilmalerei in der Probierstube
Gästezimmer

Man muss seinen eigenen Weg gehen

Karl-Hermann Milch

Der Himmel ist schwarz. Karl-Hermann Milch schaut hinauf: Ein Schwarm von Sperlingen zieht vorbei. Die letzten Tage der Lese gehen zu Ende. Der Winzer wird unruhig. Hoffentlich verschonen die Vögel dieses Mal seinen Weinberg. Denn gegen die Stare ist kein Kraut gewachsen. Sie brechen in die Weinberge ein und stürzen sich auf die Trauben. An die Vogelscheuchen, die alle paar Minuten einen Böller abgeben, haben sie sich längst gewöhnt. Da kann es passieren, dass Milch gar nicht mehr ernten muss – oder dass ihm fast ein Drittel der Trauben fehlt.

Überhaupt ist die Weinlese eine aufregende Zeit für einen so jungen Winzer wie den 26-jährigen Milch, der das elterliche Weingut 2001 übernommen hat. Da gibt es so viele Entscheidungen, die er plötzlich alleine treffen muss – auch wenn der Vater noch in Reichweite ist. Und so viele Fragen: Wie entwickelt sich die Fäulnis oder die Mostgewichtsäure? Wie lange lässt man die Trauben jetzt noch hängen? Schließlich hat er ein ganzes Jahr darauf hingearbeitet. Jetzt will der Winzer nicht durch unbedachtes Handeln eine Menge verlieren.

Manchmal muss man etwas riskieren

Manchmal muss man aber auch etwas riskieren, um einen Schritt weiterzukommen. Und schließlich hat Milch nach seinem Abitur in so renommierten Weingütern wie Keller in Rheinhessen und Knipser in der Pfalz eine gute Ausbildung genossen. Als er dann als diplomierter Weinbautechniker in das elterliche Weingut einstieg, hatte er ganz bestimmte Vorstellungen davon, was er ändern und wie er die Weine ausbauen wollte. Besonders wenn es um den Prozess und die Dauer der Gärung und die natürliche Restsüße ging. Er erinnert sich an einen der ersten Jahrgänge, den Gewürztraminer. Vater Milch ist für die Maischestandzeit, das heißt, er will den Wein über Nacht auf der Maische lassen. Sohn Karl-Hermann dagegen will ihn gleich keltern, um ihn schlank zu lassen und kein aufdringliches Bouquet zu erzeugen. Eine Stilfrage. Der Vater fährt aufs Feld und kommt vier Stunden später zurück. Da ist es schon passiert: Der junge Winzer hat den Wein gekeltert. Allerdings fangen dann die schlaflosen Nächte an. Irgendwie schmeckt ihm der Wein nicht. Die Gärprozesse scheinen sich nicht mit den Fruchtaromen zu vertragen. Und viel Erfahrung im Umgang mit natürlicher Restsüße hatte er seinerzeit auch noch nicht. „Siehst Du“, schimpft der Vater, „habe ich doch gleich gesagt!“

Milch trägt den Wein zu seinem alten Lehrmeister Keller, um sich Rat zu holen. Dieser probiert und ist begeistert: „Toll, klasse, der wird sich gut entwickeln!“ Monate später eine weitere Probe, die sehr zufrieden stellend ausfällt. Die Frucht hat sich so entwickelt, wie Milch es sich gewünscht hat.

Eine Portion Idealismus gehört dazu

Mit diesem Wein gewinnt er seine erste Goldmedaille bei einer Landesprämierung. Gleichzeitig wird er mit diesem und anderen Tropfen seiner ersten Kollektion in den Weinguide Gault Millau aufgenommen. Ein klarer Senkrechtstart. Innerhalb von drei Jahren ist es Karl-Hermann Milch gelungen, die Qualität deutlich zu steigern. Das vorher weitgehend unbekannte Weingut, das ein typischer Mischbetrieb mit Acker- und Obstbau gewesen und erst in den 70er Jahren auf den

Barrique-Fässer im Weingut Milch

Weinbau umgestellt worden war, erhielt plötzlich Beachtung und gute Bewertungen in der Weinpresse.

Bei den gängigen Wettbewerben allerdings hat sich Milch noch nicht groß getummelt. Oftmals scheiterte es an den bürokratischen Anforderungen, die abschreckten. Der eher introvertiert erscheinende junge Mann nimmt es sehr genau, macht keine halben Sachen. Bevor er irgendwelche Voraussetzungen erfüllt, die sich nicht mit seinen Plänen und seiner Philosophie vereinbaren lassen, verzichtet er lieber auf Ruhm und Ehre. Er bezeichnet sich selbst als „Idealist", der immer das Optimum herausholen will. Vielleicht könnte er es sich manchmal leichter machen. Milch aber geht seinen eigenen Weg und entwirft die S-Klasse für seine Spitzenweine: seine Selectionsweine.

Auch beim Ausbau von Chardonnay auf Barrique pflegt er seine eigene Philosophie. Milch hat bei seinen Lehrmeistern die Ergebnisse des Barrique-Ausbaus sehr genau studiert. In einem der Weingüter, in denen er gelernt hat, empfand er die Dominanz des Holzes als zu stark, in einem anderen, wo Chardonnay in Edelstahl ausgebaut wurde, fehlte ihm wieder der Holzgeschmack.

Was also tun? Nun spricht man ja bei den Barrique-Fässern von erster, zweiter oder dritter Belegung. Je häufiger ein Wein im Barrique ausgebaut wird, desto milder ist der Holzgeschmack. Milch fand die dritte Belegung für den Ausbau von Chardonnay optimal. Damit konnte er aber nicht an den Burgunderwettbewerben teilnehmen, weil er mit seinem Aroma dazwischen lag: zu fruchtig mit zu geringer Holznote. Doch der junge Winzer ist sich und seinen Prinzipien stets treu geblieben: „So ist der Wein und so will ich den Wein haben." Heutzutage liegt dieser Ansatz sogar im Trend, die Burgunderweine eher dezent auszubauen.

Der neue Weg im Weingut

Man muss als Winzer seinen Weg gehen und sich nicht so stark beeinflussen lassen", ist Milch überzeugt. Irgendwie sucht man sich die Kunden, die zu einem passen. Und da hat sich in den Jahren der Übernahme einiges auf dem Weingut geändert. Karl-Hermann Milch hat sich von vielen lieblichen Weinen verabschiedet und auf trockene umgestellt. Er hat neue Rebsorten angepflanzt, sich von einigen getrennt, bevorzugt jedoch immer noch eher die Vielfalt als die ausschließliche Konzentration auf einzelne Rebsorten. Der Chardonnay und die im Barrique gereiften Rotweine liegen ihm besonders am Herzen.

Milch hat bei aller Experimentierfreude einen kritischen Geist, der immer auch die Methoden beleuchtet, die sich in der Vergangenheit bewährt haben. Deshalb führt er auch genau Buch über die einzelnen Schritte beim Weinausbau. Auch wenn jeder neue Wein anders wird als der Vorgänger, ist es gelegentlich sehr hilfreich, sich der (Erfolgs-)Methoden bewusst zu werden, die man schon angewandt hat. Wie seine Winzerkollegen will er so wenig wie möglich am Wein verändern und keine Schönungsmaßnahmen ergreifen. Schließlich weiß er, dass die Arbeit im Weinberg optimal sein muss, damit er im Keller die Qualität wirklich bewahren kann.

Ein bisschen wird man an den „Zauberlehrling" erinnert, wenn man hört, wie oft der Winzer noch bis kurz vor Mitternacht in seinem Keller laboriert. Wenn hier geprüft, gemessen, probiert und umgeschichtet wird, ist dies mehr als nur „Handwerk". Milch braucht eine große Portion „Gespür" für den Wein. Und bedingungslose Hingabe. „Erst kommt der Wein, dann ich", winkt Kirsten Milch ab und wiegt den kleinen Valentin im Arm, der 2004 auf die Welt gekommen ist. Die Lehrerstochter und ausgebildete Gärtnerin sagt das nicht resigniert, sondern eher liebevoll. Sie ist mit ganzem Herzen Winzerfrau und hat schon einige Fortbildungen absolviert als Gartenführerin und Kulturbotschafterin.

Die jungen Milchs leben auf dem schönen Hof, einer ehemaligen Getreidemühle, mit Karl-Hermanns Eltern zusammen, allerdings in getrennten Wohnungen. Denn mit jungen Ehefrauen kommen neue Ideen und Umgangsformen auf den Hof, neue Spielregeln werden aufgestellt und neue Gewohnheiten eingeführt. Das Zusammenleben von verschiedenen Generationen erfordert viel Fingerspitzengefühl und gegenseitige Toleranz – ein ständiger Balanceakt, der natürlicherweise auch gelegentliche Reibungen erzeugt. Karl-Hermann und Kirsten sind ein Erfolgsteam. Während er mit gutem Wissen ausgestattet ist und in seiner Arbeit einen gewissen Perfektionismus pflegt, lässt sie auch schon mal fünfe gerade sein und findet immer schnell eine praktische Lösung. Beide arbeiten an dem großen Plan, die Kunden noch stärker an das Weingut zu binden. Kirsten Milch möchte einen großen Bauerngarten anlegen, der auch die Familie mit ernähren kann.

Weingut Gutzler

Gerhard und Michael Gutzler
Rossgasse 19
67599 Gundheim

Telefon: 0 62 44/90 52 21
Fax: 0 62 44/90 52 41
E-Mail: weingut.gutzler@t-online.de
Internet: www.gutzler.de

Öffnungszeiten: Nach Vereinbarung

Rebsorten: Weiße: Riesling 26 %, Silvaner 5,6 %, Sauvignon blanc 3,8 %, Burgundersorten 10 %
Rote: Spätburgunder 29 %, Dornfelder 8,7 %, Portugieser 5,2 %, andere Rebsorten 2 %
Sekt, Rotweine im Barrique

Geschmacksbreite: trocken 99 %, edelsüß 1 %

Reblagen und Böden: Morstein, Kirchspiel, Steingrube, Wormser Liebfrauenstück, Niersteiner Ölberg
Lösslehm, Kalk, Aueboden mit Kiesel

Größe und Produktion: 12,6 ha, 80 000 Flaschen

Besonderheit: Brennerei (Obstbrände)
Mitglied im Verband der Prädikatsweingüter (VDP), Großes Gewächs, Pro Riesling, Aqua Ardens

Gerhard Gutzler

Immer eine Nasenlänge voraus

Als Gerhard Gutzler 1985 das Weingut von den Eltern übernahm, begann er sofort mit einer großen Umstrukturierung der Rebsorten, verpachtete Ackerland und stellte den Mischbetrieb auf reinen Weinbau um. Zunächst reizte es ihn, sich mit der Herstellung von Edelbränden zu beschäftigen und eine kleine Sektkellerei zu betreiben.

1991 erwarb er das Brennrecht und eine eigene Anlage. Gutzler mag keine halben Sachen. Daher hat er nur Brände im Programm, keine Geiste, natürlich vergoren, ohne Zusatz von Fremdalkohol. Sortenreine Trester stehen bei ihm ganz vorn, zum Beispiel Chardonnay oder Muskat. In den ersten Jahren hat der Winzer mit sehr vielen Obstbränden experimentiert, bevor er sich auf ein kleines Sortiment von erlesenen Wildobstbränden (u. a. Heidelbeeren, Holunder, Wildkirsche) konzentrierte. Die Früchte für die aromatischen Obstbrände reifen größtenteils im rheinhessischen Hügelland heran. Die besondere Note und Farbe erhalten die Trauben durch

Michael und Gerhard Gutzler

die Reifung in Fässern aus Eichenholz oder dem des Maulbeerbaumes.

1998 wurde das Weingut in der internationalen Destillata-Rangliste als beste deutsche Brennerei auf Platz 5 geführt. Diese und weitere einschlägige Auszeichnungen führten dazu, dass in der Öffentlichkeit viele Jahre lang mehr der Brenner Gutzler präsent war als der Weinbauer. Nach und nach widmete sich Gerhard Gutzler jedoch zunehmend auch seinen Rieslingen und dem Spätburgunder und gewann ein besonderes Renommee mit seinen Rotweinen. Beim Rotweinausbau half vor allem eine lange Hefelagerung im traditionellen Holzfass (bei höheren Qualitäten im Barrique), die Tannine weicher zu machen. Nach der Auszeichnung bei der Destil lata 1998 beschließt Gutzler radikale Veränderungen. Das Weingut wird verkleinert, die Verarbeitung wird umgestellt, der vollautomatische Traubentransporter gehört von nun an der Vergangenheit an. Die Handlese setzt sich durch und vor allem neue Bepflanzungsregeln im Weinberg. Schon in den 80er Jahren hatte Gutzler zu den Ersten gehört, die damit experimentierten, die Rebstöcke in sehr dichtem Abstand zu pflanzen. Diese Art der Bepflanzung hatte er bei den französischen Winzern beobachtet; sie sorgt dafür, dass die Reben tiefer wurzeln, genug Nährstoffe und Wasser erhalten und somit ein Stück weit unabhängiger vom Wetter werden. Dichte Weine gehen daraus hervor. Es war klug, so früh damit angefangen zu haben, denn die gewünschten Ergebnisse stellen sich erst 10–15 Jahre später ein.

Das Weingut betreibt Gerhard Gutzler mit seiner Frau, die Büro und Verkauf managt. Seit einiger Zeit wirkt auch schon der 25-jährige Junior Michael mit, der in zwei Jahren voll einsteigen wird. Nach seiner Ausbildung in Bad Kreuznach hat er sich zunächst auf verschiedenen Weingütern in der Pfalz, in Luxemburg und Österreich den Wind um die Nase wehen lassen. Bei seiner letzten Station in Österreich hat er gesehen, wie anders dort gearbeitet wird. Während in Deutschland für Winzer, die auf Qualität setzen, die Lese von ausschließlich gesunden Trauben das Nonplusultra darstellt, werden in Österreich auch faule Trauben gelesen. Sie sollen eine größere Dichte, mehr Mundgefühl im Wein erzeugen. Gleichzeitig hat der junge Winzer dort im Austausch mit dem gleichaltrigen Sohn seiner Lehrmeister erste Ideen sammeln können für das Zusammenspiel der Generationen im Familienbetrieb.

Michael Gutzler spricht mit großem Respekt vom Vater, der schließlich in den letzten 20 Jahren das Weingut mit vier Trauben in den Gault Millau gebracht hat. Was wird nun Michaels Beitrag werden? Womit kann er sich profilieren? Der junge Winzer wehrt bescheiden ab: „Ich will den Betrieb nicht verändern, sondern weiterführen, die Weinqualität hoch schrauben, aber den Wein kann ich ja nicht mehr neu erfinden.“ Allerdings sieht er auch, dass es nicht so ganz einfach ist, mit neuen Ideen zu kommen, denn der Senior steht noch mitten im Leben und hat selbst noch jede Menge guter Einfälle. Die Weinproben führt immer noch der Vater durch und bei den langjährigen Kunden muss sich der Junge erst noch Respekt verschaffen. Das dauert.

Tradition ist auch dem jungen Winzer wichtig, die Besinnung auf Methoden, die sich früher schon bewährt haben. Er will die Weine wieder langlebiger machen. Dinge wie die Reife der Trauben, ein Maischestand von bis zu 25 Stunden, um Phenole aus der Traube auszulaugen, sind ein wenig in Vergessenheit geraten. Aber Michael Gutzler ist auch Realist. Die Zukunft wird hohe Anforderungen an den Winzer stellen und einiges wird auf der Strecke bleiben. Der ein Jahr ältere Bruder studiert internationale Weinwirtschaft – vielleicht ergibt sich daraus einmal ein Erfolgs-Tandem für die Zukunft.

Michaels Aufgabe wird vielleicht eine gewisse Konsolidierung sein, um den erreichten Standard und Erfolg zu halten. Die Zeit der großen Experimente ist vorbei. Auf der fachlichen Ebene kann Michael mit seinem Vater noch nicht mithalten, aber er erkennt durchaus Verbesserungsbedarf in der Organisation, dass man Arbeitsabläufe vereinfachen kann, vor allem durch ein Mehr an Kommunikation: Miteinander reden, Dinge besprechen, das scheint ihm am Herzen zu liegen.

Der Junior ist vor kurzem von der Winzergruppe „Message in a bottle“ als neues Mitglied aufgenommen worden, für ihn eine große Ehre, weil er zu den Jüngsten gehört. Aufgefallen ist Michael Gutzler mit einem besonderen Gemeinschaftsprojekt in Sachen Wein. Mit drei anderen Jungwinzern, Florian Fauth, Jochen Dreißigacker und Stefan Winter, produziert er seit 2002 jedes Jahr eine Burgunder-Cuvée aus dem Wonnegau: „4First – Kalkstein mit viel Gefühl“. So etwas hatte es vorher noch nicht gegeben. Wie sind die jungen Winzer dabei vorgegangen? Das Quartett wählte besonders kalkhaltige Böden aus den besten Lagen der elterlichen Betriebe, um den fruchtigen Charakter der vier ausgesuchten Rebsorten, Grau- und Weißburgunder, Chardonnay und Auxerrois, hervorzubringen. Dann beschlossen sie weitere Spielregeln wie etwa Mostgewichte von 90 Grad Oechsle und konsequenten Holzlaubschnitt. Zahlreiche Verkostungs- und Abstimmungsrunden führten dann zu der richtigen Mischung. Der neue Jahrgang „4First“ hat 14 % Alkohol und besteht zu einem Drittel aus Weißburgunder, zu jeweils einem Viertel aus Grauburgunder und Auxerrois und zu einem Sechstel aus Chardonnay.

Die häufig praktizierte Teamarbeit in Rheinhessen ist nicht nur eine vorzügliche Art für die Jungwinzer sich zu profilieren, sondern bringt auch neue Spielarten von Weinen hervor. Die Botschaft von Michael Gutzler ist einfach und wahr: „Es gibt genug Schrott auf dem Markt. Die Leute sollen gute Weine trinken und Weintrinken kultivieren.“

Landhaus am Heidenturm

Hans und Barbara Langhäuser
Hauptstraße 10
67596 Dittelsheim-Heßloch

Telefon: 0 62 44/90 92 20
Fax: 0 62 44/90 92 28
E-Mail: landhausamheidenturm@freenet.de
Internet: www.heidenturm.de

Öffnungszeiten: Mo.–Sa. ab 17.30 Uhr, So. und Feiertage 11.30–14.00 Uhr und ab 17.30 Uhr, Dienstag Ruhetag
Für Gesellschaften auch dienstags geöffnet

Ambiente: Restaurant im Fachwerkhaus, in hellen Räumen auf vier Etagen, verspielt „goldisch“

Essen und Trinken: Kräftige Fleisch- und Fischgerichte mit Ausflügen ins Elsass, anspruchsvolles Sortiment an Weinen aus der Region

Komfort: Koch geht auch auf individuelle Wünsche ein

Parken: An der Straße

Anfahrt: A 61, Abfahrt Gundersheim, Richtung Westhofen durchfahren, Richtung Dittelsheim

Besonderheit: Sonntags Candlelight-Dinner, donnerstags „Räucherabend“: Fleisch- und Fisch-Spezialitäten aus dem Räucherofen
Weingewölbekeller
Sommerterrasse
Drei ländlich rustikale Gastzimmer
Eigene Räucherei

Ich schau mir die Leute an

Im rheinhessischen Hinterland kann man überraschende Entdeckungen machen, zum Beispiel den Dittelsheimer Heidenturm, nach dem das Landhaus benannt wurde. Der Dittelsheimer Kirchturm wird im Volksmund „Heiden-" oder „Sarazenenturm" genannt, denn er scheint mit seiner orientalisch anmutenden Kuppel so gar nicht hierher zu passen. Erzählungen zufolge brachten zurückgekehrte Kreuzfahrer die Idee mit, in Anlehnung an die Grabeskirche in Jerusalem, die ebenso wie der Dittelsheimer Kirchturm im 12. Jahrhundert entstand.

Barbara und Hans Langhäuser

1996 beschlossen Hans und Barbara Langhäuser, der Pfälzer und die Hamburgerin, das Landhaus zu pachten, das der in Dittelsheim ansässigen Winzerfamilie Beck gehört. Familie Beck hatte den landwirtschaftlichen Hof der Großmutter umgebaut, aus dem Stall ein Restaurant gemacht und in dem 200 Jahre alten Wohnhaus Gästezimmer eingerichtet. In liebevoller Kleinarbeit wurden die Böden zum Teil mit Holzdielen, aber auch mit 400 Jahre alten Tonfliesen aus württembergischen Weingütern belegt. Handgestrichene Dachziegel und Basaltpflaster im Hof ergänzen den historischen Stil. Hans und Barbara Langhäuser sollten dem schönen Fachwerk-Gasthaus Leben einhauchen.

Er kocht und sie schmeckt ab. Der stattliche Südpfälzer versteckt sich jedoch nicht in der Küche. Er sucht den Kontakt zum Gast. Immer mal wieder sieht man ihn von Tisch zu Tisch gehen, während seine Frau Barbara wie ein Wiesel die vielen Holzstufen zu den Tischen auf den vier Etagen hoch- und runterflitzt und die Gäste bedient. „Ich schau mir die Leute an und dann weiß ich, was sie essen wollen", brummt Hans Langhäuser freundlich. Die anspruchsvolle Speisekarte mit herzhaften, aber feinen Fleischgerichten und Menüs ist eine Vorlage, aber der Koch nimmt auch gerne selbst Maß.

Einen besonderen Abend können Sie möglicherweise erleben, wenn Sie Ihren Wünschen freien Lauf lassen. Es könnte sein, dass diese umgehend erfüllt werden, wie geschehen bei einer Dame, die auf die Frage des Küchenchefs „Worauf haben Sie denn heute Lust?" verträumt antwortete: „Auf Coquilles l'Alsace". Als Hans Langhäuser spontan sagte: „Kein Problem, kann ich Ihnen machen", fiel sie ihm vor Freude fast um den Hals. Wie es der Zufall wollte, hatte der Küchenchef am Tag zuvor Muscheln im Elsass gekauft. Viele seiner kulinarischen Kompositionen sind von der französisch-elsässischen Küche inspiriert. Eine große Besonderheit sind die Fleisch- und Fischgerichte, die immer donnerstags aus der eigenen Räucherei serviert werden, und das Candlelight-Dinner für zwei jeden Sonntagabend, das meist schnell ausgebucht ist. Und wer kommt an solchen Gerichten wie „Rinderfilet mit gehobelten schwarzen Trüffeln, Kartoffelkrapfen und Brokkoli“ vorbei oder „Rehfilet in Merlotsauce, Apfelrotkohlstrudel und Speckknödelchen“?

Landhotel „Zum Schwanen"

Karl-Walter und Bärbel Berkes
Friedrich-Ebert-Str. 40
67574 Osthofen

Telofon und Fax: 06242/9140
E-Mail: info@zum-schwanen-osthofen.de
Internet: www.zum-schwanen-osthofen.de

Öffnungszeiten Restaurant:
Mo.–Fr. 12.00–14.00 Uhr und 18.00–24.00 Uhr,
Sa. 18.00–24.00 Uhr, So. 12.00–14.00 Uhr

Kreditkarten: Eurocard, EC-Karte

Ambiente: Landhausstil

Essen und Trinken: Gutbürgerliche Küche gepaart mit mediterraner Leichtigkeit.
Große Weinauswahl von 100 Titeln, von nahe gelegenen Weingütern sowie aus internationalen Weinbaugebieten

Komfort: Einige Hotelzimmer sind ebenerdig

Parken: Parkplatz am Hotel

Anfahrt: A 61 Abfahrt Osthofen, ca. 5 km entfernt vom Hotel oder über die B 9

Besonderheit: 30 moderne Hotelzimmer (auch mit ISDN-Anschluss)
Tagungsräume von 35 bis 150 qm für bis zu 140 Personen
Lauschiger Innenhof/Sommergarten
Fahrradverleih im Haus
Organisation von Weinproben und Ausflügen

Tagen und feiern mit Komfort

Das Haus wurde erstmals 1818 als Gasthaus „Zum Schwan" erwähnt. Das Gehöft war eigentlich mit der Auflage an die Gemeinde Osthofen vererbt worden, eine Betreuungsstätte für alte und kranke Menschen zu schaffen. Da die Gemeinde dies jedoch nicht leisten konnte, diente das Haus im Laufe der folgenden 180 Jahre verschiedenen Zwecken, u. a. als Schule, Gefangenenlager, Kino und Altkleiderkammer. Bis das Unternehmerpaar Berkes 1998 das Haus kaufte und nach zweijährigen Umbaumaßnahmen ein schmuckes, modernes Landhotel mit Weinrestaurant eröffnete, das vor allem auch viele Räume zum Feiern und Tagen bietet. Eine besondere Attraktion ist der Schwanensaal, der ehemalige Stall des früheren Gehöfts mit einem wunderschönen Kreuzgewölbe, der gerne für Feierlichkeiten wie Hochzeiten gebucht wird.

Die Speisekarte enthält eine große Auswahl an Fleischgerichten, die heimische Gemüsesorten mit Aromen und Saucen aus der mediterranen Küche kombiniert, wie z. B. Tournedos von Rinderfilet an Dornfeldersauce mit gedünstetem Chicoree und Kartoffelrösti, Geflügelbällchen im Wirsingmantel an Parmaschinkenjus und Estragonkartoffelpüree. Eine schöne Alternative zu den kalten Vorspeisen bieten die warmen, etwa Edelfischnocken auf Blattspinat mit Pernodsauce oder Ragout Fin vom Wild in einer Blätterteigpastete. Außerdem gibt es eine Steakkarte, nach der Sie sich Ihr Gericht mit den Beilagen selbst zusammenstellen können. Die Chefin, Bärbel Berkes, von Hause aus eigentlich Juristin, leitet das Hotel mit einem gut geschulten Team, das für die jeweiligen Aufgaben im Bankettbereich, Housekeeping, Restaurant und in der Küche kompetenter Ansprechpartner ist. Die komfortablen Hotelzimmer sind im modernen Stil eingerichtet, mit ungewöhnlicher, aber interessanter architektonischer Raumaufteilung.

Da Osthofen ein günstiger Ausgangspunkt für diverse Freizeitaktivitäten ist, organisiert das Landhotel auch Weinproben bei hiesigen Weingütern, Golfschnupperkurse auf dem Golfplatz von Worms, der ca. zehn Autominuten vom Hotel entfernt liegt. Fahrräder können geliehen werden und man kann von der Haustür direkt in die Weinberge joggen. Das Landhotel bietet für diejenigen Urlauber eine gute Alternative, die die Leistungen eines kleinen Businesshotels zu schätzen wissen, dabei aber nicht auf die Gemütlichkeit verzichten wollen.

Weinrestaurant Zum Schwanen

Landgasthof „Weingewölbe“

Stefanie und Jean-Marie San Martin
Alzeyer Straße 2
67593 Bermersheim

Telefon: 06244/5242
Fax: 06244/5246
E-Mail: info@weingewoelbe.com
Internet: www.weingewoelbe.com

Öffnungszeiten: Mi.–Sa. ab 18 Uhr, So. und Feiertage 11.30–14.00 Uhr und ab 18.00 Uhr, Montag und Dienstag Ruhetag

Kreditkarten: Eurocard, EC-Karte

Ambiente: 120 Jahre altes Hofgut mit stilvollem Restaurant mit Kreuzgewölbe im provenzalischen Stil, 50 Sitzplätze

Essen und Trinken: Klassische Haute Cuisine, Mediterranes und Regionales mit Pfiff, erlesene Weine aus Rheinhessen und anderen Weinregionen, bodenständige Preise

Komfort: Kinderfreundlich, rollstuhlgerecht, Hunde erlaubt

Parken: Im Hof möglich

Anfahrt: Auf der A 61 Richtung Ludwigshafen, Ausfahrt Gundersheim/Westhofen, Gundersheim durchfahren, nach 3 km Bermersheim, an der Hauptstraße auf der linken Seite

Besonderheit: Vier liebevoll eingerichtete Gästezimmer
Raum für Feierlichkeiten bis 100 Personen in der neu ausgebauten Scheune
Lauschiger Garten und Essen unter dem Ginkgobaum

Natürliche Exzellenz mit Pfiff

Liebe kann ja bekanntlich Berge versetzen. In diesem Fall hat sie zu einem kleinen Gourmettempel geführt auf einem 120 Jahre alten Hofgut in dem 300-Seelen-Dorf Bermersheim. Ergebnis einer gelungenen deutsch-französischen Liaison. Denn die gebürtige Mainzerin Stefanie Koch war es wohl, die den französischen Koch aus Annecy am Genfer See nach Deutschland lockte, nach Wiesbaden, zuletzt in das Restaurant „Die Ente“. Nach vielen Jahren Wanderschaft und Lernen unter so weltbekannten Kochpäpsten wie Paul Bocuse in Lyon war es an der Zeit, Kreativität und Gestaltungswillen in einem eigenen Restaurant zu entfalten.

Jean-Marie und Stefanie San Martin

Stefanie und Jean-Marie San Martin entdeckten das alte Hofgut in Bermersheim, eine ehemalige Straußwirtschaft mit deftiger Kost, und waren sofort Feuer und Flamme. Mit Hilfe von Stefanies Vater, einem Architekten, bauten sie das Haus um und machten aus dem ehemaligen Stall mit Kreuzgewölbe ein gemütliches Restaurant. Die Nachbarn begegneten den Zugereisten zunächst mit Zurückhaltung – auch im Hinblick auf die neue französische Küche. Stefanie und Jean-Marie zogen jedoch deshalb nicht gleich die Trikolore, die über dem Dach weht, ein. Stefanie erinnert sich an die schwierigen Anfangsjahre: „Wenn man einen bestimmten Stil verfolgt und Qualität bieten möchte, muss man sich selbst treu bleiben. Und langen Atem mitbringen.“ Eine Spezialität sind die Terrinen von Jean-Marie, wie z. B. die hausgemachte Terrine vom Hirsch gespickt mit Pistazien, Salatbouquet und Quitten-Portweingelee. Im Fleisch- und Fischbereich finden Sie auf der Karte Fasan mit Pflaumen in Rotwein und hausgemachten Kartoffelknödeln oder das kurzgebratene Forellenfilet mit milder körniger Senfsauce. Auch unter den Nachspeisen gibt es endlich einmal Variationen mit Früchten und Sorbets, die man nicht überall findet. Kleine Köstlichkeiten, die wie die Menüs nicht schwer im Magen liegen, sondern den kulinarischen Abend angenehm ausklingen lassen.

Stefanie San Martins Philosophie hat sich bewährt. Liebe geht durch den Magen. Nach und nach kamen auch die Einheimischen zum Essen und überzeugten sich von der schmackhaften Küche und dem herzlichen und aufmerksamen Service.

Die Familie San Martin, zu der außerdem zwei Söhne, zwei lustige, zottelige Hunde und zwei Kaninchen gehören, hat allerdings auch selbst viel dazu getan, um sich in der Region zu verankern. Jean-Marie benutzt nicht nur die frischen Kräuter aus seinem Garten, sondern bezieht auch Gemüse und Obst aus Rheinhessen. Neben vielen erlesenen ausländischen Weinen findet der Gast eine Reihe von exzellenten Weinen aus der Region. Mittlerweile feiern auch die Winzer aus der Umgebung ihre Familienfeste im „Weingewölbe".

In den letzten Jahren sind herrliche Gästezimmer hinzugekommen, hervorragend geeignet für einen Kurzurlaub am Wochenende oder auch um einfach dazubleiben, wenn der Abend länger wird, als ursprünglich geplant. Die geräumigen Zimmer mit den schönen schmiedeeisernen Betten und Natursteinwänden versetzen einen für einen Moment in die Provence. Motive und Farben entsprechen den Namen: Lavendel-, Rosen-, Sonnenblumen- und Hochzeitszimmer. Eines der Zimmer hat auch eine kleine Pantry, sehr praktisch für den Besuch mit kleinen Kindern. Stefanie San Martin erinnert sich an eine kleine Begebenheit, die sie selbst ein wenig gerührt hat: Ein goldenes Hochzeitspaar hatte von seiner Enkelin ein Wochenende im „Hochzeitszimmer" geschenkt bekommen. Die achtzigjährige Braut entdeckt das große, schmiedeeiserne, romantische Bett im Zimmer und strahlt über das ganze Gesicht: „Jean, in so einem Bett haben wir ja noch nie geschlafen!"

Das „Weingewölbe" ist ein Kurzurlaub für Leib und Seele.

Mühlen-Radtouren

In den vergangenen Jahrhunderten wurden zahlreiche Mühlen mit Wasserkraft betrieben. Nur wenige der ehemaligen Getreide-, Öl- und Walkmühlen sind noch erhalten. Die meisten dienen inzwischen landwirtschaftlichem Erwerb oder dem Weinbau. Oder sind heute im Privatbesitz, liebevoll restauriert. Die Mühlen – alleine am Seebach gab es davon einmal 22 – führen Sie an Bächen entlang, vorbei an schönen Dörfern, schmucken Höfen und alten Kirchen.

Der Mühlenradweg verläuft über eine Strecke von 35 km zwischen Framersheim und Gimbsheim. Die Wegstrecke ist mit dem Mühlenlogo markiert. Nachfolgend stelle ich Ihnen zwei Varianten vor.

Nieder-Olm
Saulheim
EBERSHEIM
Harxheim
Lörzweiler
Hessenaue
Am Goldberg
Zornheim
Mommen-heim
Saulheim
Sörgen-loch
Nierstein
Rhein
Geinsheim
Uden-heim
Hahn-heim
Selzen
Schwabs-burg
Ruine Landskrone
Leeheim
Schornsheim
Köngern-heim
OPPENHEIM
Katharinen-Kirche
420
Wörrstadt
Dexheim
Dien-heim
Undenheim
Friesenheim
Gabs-heim
Dalheim
Selz
Weinols-heim
Altrhein
Ludwigs-höhe
Kühkopf
Bechtolsheim
Uelversheim
Petersberg
Dolges-heim
Gunters-blum
Gimbs-heim
Gau-Odernheim
Eimsheim
Biebeln-heim
Gau-Köngernheim
Hilles-heim
Wintersheim
Schaf-hsn.
Dorn-Dürkheim
Alsheim
Eich
Framersheim
Frettenheim
Dauten-heim
Mettenheim
Spar gel-Tour
Gau-Heppenheim
Dittelsheim-Heßloch
Hamm
Jak obs-Pilger-weg-Tour
Monzernheim
Bechtheim
Ibersheim
Eppels-heim
Hochborn
Hangen-Weisheim
Rhein-dürkheim
OSTHOFEN
Gundersheim
Westhofen
Rhein
Flomborn
Watten-heim
Nordheim
Gunders-heim
Abenheim
Ober-Flörsheim
Bermers-hm.
271
WORMS
Gundheim
-Dalsheim
Mörstadt
Wonne-gau
Flörsheim-
Worms/Mörstadt
HERRNS-HEIM
NEU-HSN
Hof-heim
Niefern-heim
Mölsheim
Leiselheim
Wehrzoll-haus
Kriegsheim
Pfeddersheim
HOCHHEIM
Pfrimm
Dom
47
Wachen-heim
Mons-heim
Rosen-garten
Nibelungen-mus.
47n
PFIFFLIGHM.
Worms
Hohen-Sülzen
HORCHHEIM
Kindenheim
Heppen-heim
Bockenhm. a.d.Weinstr.
Neuoffstein
Wies-oppenhm.
WEINS-HEIM
Offstein
Eisbach
Nonnenhof
Mühlhm.
Obrigheim (Pfalz)
Kleinniedeshm.
Bobenhm.
Assel-heim
Colgenstein
Heidesheim
Großnieders-heim
Roxheim
Albsheim
Obersülzen
Heuchelheim b. Frankenthal
Petersau
Eisbach
GRÜNSTADT
AB-Kr. Frankenthal
Frankenthal
Ludwigs-hafen
Laumersheim
Dirmstein
SAUSEN-HEIM
Grünstadt
Gerolsheim
MÖRSCH

Jakobs-Pilgerweg-Tour

Entfernung: 25 km

Mühlenradweg: Eppelsheim – Dittelsheim-Heßloch – Eppelsheim

Sie starten in Eppelsheim, ein Dorf, das einmal die Goldmedaille im Wettbewerb „Unser Dorf soll schöner werden" gewonnen hat. Markant ist der Dahlberger Turm und die in Naturstein gebauten Häuser. Auch in Westhofen lohnt sich ein kleiner Aufenthalt. Hinter Westhofen folgen Sie linker Hand dem Jakobs-Pilgerweg, der an Bechtheim vorbeiführt, wo sich ein Besuch des Weinguts Jean Buscher anbietet. Der Jakobs-Pilgerweg endet in Dittelsheim-Heßloch, hier können Sie im Landgasthof am Heidenturm eine Rast einlegen und auch übernachten.

Der Rückweg führt über einen Fahrradweg vorbei an Hochborn zurück nach Eppelsheim.

Sehenswert: Westhofen ist bekannt für seine Seebachquelle, die mit 800 Litern pro Minute die stärkste Quelle Rheinhessens ist. Reizvoll sind auch die schönen Fachwerkhäuser am Marktplatz, enge Gässchen und die bekannte Kellergasse mit Kellergewölben aus dem 16. Jahrhundert. In Westhofen können Sie auch die Seemühle besichtigen, die älteste und einzige Mühle am Seebach, die noch über ein

Mühlenrad verfügt und gelegentlich in Betrieb ist. Für Mühlen-Interessierte sei auf die Deutsche Gesellschaft für Mühlenkunde und Mühlenerhaltung verwiesen: www.muehlen-dgm-ev.de.

Spargel-Tour

Entfernung: 26 km

Mühlenradweg/Rheinterrassen-Radweg: Osthofen – Gimbsheim – Osthofen

Sie starten in Osthofen nach einem guten Frühstück im Hotel „Zum Schwanen" (wo Sie auch übernachten können) und fahren weiter auf dem Mühlenradweg Richtung Rheindürkheim, vorbei an Ibersheim, Hamm (dort gibt es einen Golfplatz und weitere Rundwege) und Eich bis Gimbsheim, das für seinen Spargel bekannt ist. Von Gimbsheim aus erreichen Sie über einen Fahrradweg (bei Überquerung der B 9) Alsheim, von wo Sie auf dem Rheinterrassen-Radweg oder mit dem Zug nach Osthofen zurückfahren können.

Sehenswert: Alsheim liegt malerisch zwischen Weinbergen und Rheinauen und bietet schöne Wander- und Radwege.

Gimbsheim ist die zweigrößte Altrheingemeinde und 1225 Jahre alt. Der 160 ha große Gimbsheimer Altrhein mit seiner außergewöhnlichen Flora und Fauna wurde in den 1980er Jahren unter Naturschutz gestellt.

In Osthofen können Sie das NS-Dokumentationszentrum Rheinland-Pfalz bzw. die Gedenkstätte KZ Osthofen besuchen; im März 1933 wurde dort das erste Konzentrationslager des damaligen „Volksstaats Hessen“ gebaut.

Abstecher: Eich bietet ein beheiztes Freibad und das Naherholungsgebiet um den Eicher See, direkt am Rhein gelegen.

Zellertal-Touren

Das Zellertal, früher bekannt als Pfrimmtal, ist nach dem auf der Höhe über der Pfrimm gelegenen ehemaligen Kloster Zell benannt. Der 15 km lange Zellerweg verbindet Rheinhessen und die Pfalz und damit auch zwei Weinbauregionen. Das Zellertal bietet eine abwechslungsreiche Landschaft und ist vor allem wegen der beschatteten Wege entlang der Pfrimm bei Wanderern und Radfahrern sehr beliebt. In fast allen

Wachenheim

Orten des Tals mit insgesamt sieben Gemeinden finden Sie Kneipp-Anlagen. Das milde, sonnenreiche Klima begünstigt den Anbau von erstklassigen Weinen.

Von April bis Oktober fährt an Sonn- und Feiertagen die Zellertalbahn zwischen Monsheim und Hochspeyer, die von einem gemeinnützigen Verein betrieben wird. Nähere Auskünfte erhalten Sie unter: www.zellertal-aktiv.de und www.eistalbahn.com.

Zelltertal-Radtour

Entfernung: 30 km

Zellertal-Radwanderweg: Neuhausen – Zell – Neuhausen

Sie starten in Neuhausen vor Worms (Parkplatz an der Pfrimm). Der Zellertalradweg führt immer entlang der Pfrimm, vorbei an Pfiffligheim, Pfeddersheim, Monsheim, Wachenheim, Niefernheim und Harxheim nach Zell.

Auf dem Weg liegen zwei unserer Weingüter: Hinter Pfeddersheim können Sie einen kleinen Abstecher nach Hohen-Sülzen zum Weingut Battenfeld-Spanier machen. In Monsheim machen Sie Halt beim Weingut Milch auf der Rüstermühle. Hier besteht auch die Möglichkeit zu übernachten.

Rückkehr über Mölsheim, Wachenheim, Monsheim – dort kreuzen sich Trullo-Radwanderweg und Zelltertal-Radwanderweg –, Pfeddersheim und Pfiffligheim nach Neuhausen.

Sehenswert: Wachenheim: Schlossanlage der Oberburg aus dem 14./15. Jahrhundert.

Zell: malerischer Ort an einem Hang oberhalb des Pfrimmtales. Die ehemalige Wallfahrtsstätte des Heiligen Philipp lohnt einen Abstecher – besonders zu der spätbarocken katholischen Kirche, die sehenswerte Wandmalereien enthält.

Gau-Köngernheim
Hillesheim
163
Wintersheim
Schaf-hsn.
Dorn-Dürkheim
Alsheim
Alzey
Framersheim
Frettenheim
211
Dauten-heim
Mettenheim
9
Gau-Heppenheim
Dittelsheim-
-Heßloch
ALZEY
Monzernheim
Bechtheim
Hochborn
Eppels-heim
Hangen-Weisheim
OSTHOFEN
Rhein-dürkheim
Gundersheim
56
Dintes-heim
Flomborn
Westhofen
Gunders-heim
Abenheim
Ober-Flörsheim
Bermers-hm.
271
Gundheim
57
WORMS
-Dalsheim
Mörstadt
Flörsheim-
Worms/-Mörstadt
HERRNS-HEIM
NEU-HSN.
Zell
Niefern-heim
Mölsheim
169
Pfedders-heim
Leiselheim
HOCH-HEIM
Kriegsheim
Zeller tal-Radtour
47
Pfrimm
Dom
Harx-heim
Wachen-heim
Mons-heim
47
PFIFFLIGHM.
47n
58
Nibelungen-mus.
271
Hohen-Sülzen
Worms
HORCHHEIM
305
Kindenheim
Heppen-heim
Bockenheim a.d.Weinstr.
Neuoffstein
Wies-oppenhm.
WEINS-HEIM
Offstein
Eisbach
Quirn-heim
Assel-heim
Mühlhm.
Obrigheim (Pfalz)
Bobenhm.
Colgenstein
Heidesheim
Kleinniedeshm.
Mertes-hm.
Albsheim
Groß-niedesheim
Obersülzen
Eisbach
Heuchelheim
AB-Kr. Frankenthal
GRÜNSTADT
Dirmstein
SAUSEN-HEIM
Laumersheim
19
21
59
Neuleiningen
Grünstadt
Heß-heim
Kirchheim a.d. W.
Gerolsheim
Klein-karlbach
Groß-karlbach
Palmen-kapelle
FRANKENTHAL (Pfalz)
Bissers-heim
Battenberg
186
Dackenheim
Weisenheim a. Sand
Flomers-heim
Boben-heim
271
Weisen-heim
Herxheim a. Berg
Lambsheim
FREINSHEIM
95
Eppstein

Osthofen-Radtour

Entfernung: 40 km

Zellertal-Radwanderweg und Veloroute Rhein: Neuhausen – Osthofen – Neuhausen

Sie starten in Neuhausen (Parkplatz) passieren Pfiffligheim, Leiselheim und Pfeddersheim. Bei Monsheim biegen Sie rechts ab nach Flörsheim, dann weiter nach Bermersheim, Gundersheim und stoßen auf den Mühlenwanderweg Richtung Osthofen. Dort kreuzt die Veloroute Rhein, auf der Sie zurück nach Neuhausen radeln können.

In Bermersheim besteht Einkehr- und Übernachtungsmöglichkeit im Landgasthof „Weingewölbe".

Sehenswert: Gundersheim gilt als das „Rotweinparadies" im Wonnegau. Der Rotweinanbau war hier schon früh ausgeprägt. Außerdem hat Gundersheim schon einige Medaillen gewonnen beim Wettbewerb „Unser Dorf soll schöner werden".

Abstecher: Einen Abstecher wert ist vor allem das Landschaftsschutzgebiet „Steinbruch Rosengarten" wegen seiner besonderen Pflanzenarten. Nördlich der A 61 gibt es für Wanderfreunde den Rundwanderweg im Höllenbrand.

Kneipp-Wandertour

Entfernung: 6, 10 oder 12 km

Kneipp-Wanderwege: Mölsheim, Zell und Wachenheim

Für Ihre Gesundheit bietet das Zellertal noch etwas Besonderes: Kneipp-Wandern. Zwischen Mölsheim, Zell und Wachenheim gibt es drei Wanderwege entlang der Pfrimm. Die 6, 10 und 12 km langen Strecken führen zu Kneipp-Anlagen und auch zu wunderbaren Aussichtspunkten. Bester Ausgangspunkt ist Wachenheim, von wo aus man das ganze Zellertal erwandern und sich in allen Orten an Kneipp-Becken erfrischen kann. In Mölsheim steht ein Kneipp-Becken direkt vor dem Mühlenhof – dem Weingut Spindler-Möllinger. Das sonnenbegünstigte und höchstgelegene Dorf im südlichen Wonnegau ermöglicht in 300 m Höhe einen weiten Blick nach Westen auf das Tal der Pfrimm bis zum Donnersberg und nach Osten auf das Rheintal von Worms bis Heidelberg.

Sehenswert: Wachenheim: Das Wahrzeichen von Wachenheim, das Schlossgut Lüll mit Wohnturm aus dem 15. Jh. ist in Privatbesitz, öffnet jedoch seine Pforten mehrmals im Jahr für Gutsauschank und Parkfeste. Schmiede- und Heimatmuseum und Kneipp-Tretbecken.

Mölsheim: Barocke Gartenanlage und Schloss.

Zell beherbergt eine alte germanische Kultstätte, den Wotanfelsen. Inmitten der bekannten Weinlage „Schwarzer Herrgott" thront das Wahrzeichen des Zellertals, das alte Kriegerdenkmal in Gedenken an die Opfer des Ersten Weltkrieges. An jedem 3. Juniwochenende startet die offizielle Trullo-Radwanderung mit vielen Attraktionen an jedem Weinbergshäuschen: Musik, Tanz, Weine und Spezialitäten aus der Region. Der beschilderte Radweg führt von Flörsheim-Dalsheim über Monsheim bis ins Zellertal nach Mölsheim.

Verkehrsverein Südlicher Wonnegau
Hauptstraße 87
67590 Monsheim
Tel: 06 43/90 58 18
Fax: 06 43/77 38
E-Mail: info-suedl-wonnegau.de
Internet: www.suedl-wonnegau.de

Zellertal aktiv
Klaus-Dieter Magsig
Schillerstraße 12
67816 Dreisen
Tel: 0 63 57/50 95 22
E-Mail: kontakt@zellertalaktiv.de
Internet: www.zellertalaktiv.de

Die Rheinhessische Schweiz

Die sanften Hügel, umgeben von Wäldern, Naturschutz- und Heidegebieten, zeigen eine ganz andere Seite von Rheinhessen. Waldgebiete im Staatsforst Vorholz und auf der Oswaldhöhe oder auch das landschaftlich abwechslungsreiche Wiesbachtal laden zu Wanderungen ein. Vor allem der Sandstein prägt die idyllischen Dörfer, Höfe und historischen Kirchen auf besondere Weise. Hier sind – z. B. in Flonheim bei der Geistermühle – auch die Trulli zu Hause, diese in Deutschland einzigartigen Weinbergshäuschen, die wie Zuckerhüte auf den Rebhängen stehen und im Sommer Schatten spenden. Gebaut wurden sie von apulischen Steinmetzen, die im 18. Jahrhundert in den Steinbrüchen arbeiteten. Es wird vermutet, dass sie die Trulli in Anlehnung an die Wohnhäuser der apulischen Bauern in der Heimat gestalteten.

Siefersheim ist bekannt durch die geführten Kräuterwanderungen zu den seltenen Pflanzen, die auf den felsigen Hügeln am Höllberg und Horn wachsen, Kräuter wie Salbei, Küchenschelle, Sand-Lotwurz und andere. Markanter Punkt bei Wanderungen ist der Ajax-Turm, ein Wehrturm in der Weinlage Heerkretz. Von ihm wird erzählt, er sei 1865 von einem ledigen Bauernsohn gebaut worden, zur Erinnerung an die unglückliche Liebe zu einer Müllerstochter, die er dort, begleitet von seinem Hund Ajax, zum Stelldichein traf, aber nicht zur Frau bekam.

Weingüter

Weingut Wagner-Stempel in Siefersheim

Weingut und Landhotel „Espenhof" in Flonheim-Uffhofen

Landgasthöfe

Metzlers Gasthof in Hackenheim

Touren

Trulli-Wandertour

Horner Panorama-Wandertour

Wandertouren Forsthaus Spreitel

- Altenbaumburg-Tour
- Rheingrafenstein-Tour

Trullo, Rheinhessische Schweiz

Rheinhessische Toscana e.V.
Touristik- und Gewerbeverein in der Verbandsgemeinde Sprendlingen-Gensingen
Elisabethenstraße 1
55576 Sprendlingen
Tel: 06701/201-46
Fax: 06701/201-50
E-Mail: info@rheinhessischetoscana.de
Internet: www.rheinhessischetoscana.de

Zweckverband Erholungsgebiet
Rheinhessische Schweiz
Bahnhofstr. 10
55597 Wöllstein
Tel: 06703/3020
Fax: 06703/30214
Internet: www.woellstein.de

Weingut Wagner-Stempel

Familie Wagner
Wöllsteiner Str. 10
55599 Siefersheim

Telefon: 06703/960330
Fax: 06703/960331
E-Mail: info@wagner-stempel.de
Internet: www.wagner-stempel.de

Öffnungszeiten: Mo.–Sa. 9.00–2.00 Uhr und 13.00–17.00 Uhr, Sonntag Ruhetag. Anmeldung wird erbeten

Kreditkarten: EC-Karte

Historie: Kreuzgewölbekeller, Weingut in der sechsten Generation

Rebsorten: Weiße: Riesling 47 %, Weißer Burgunder 23 %, Silvaner 10 %, Müller-Thurgau 4 %
Rote: Spätburgunder, Frühburgunder 16 %
Großes Gewächs
Ausbau in Holzfässern

Geschmacksbreite: trocken 95 %, süß 5 %

Reblagen und Böden: Siefersheimer Höllberg, Siefersheimer Heerkretz
Porphyr und Porphyrverwitterung, Lösslehm, Ton

Größe und Produktion: 13,5 ha, 80 000 Flaschen jährlich
Mitglied im Verband der Prädikatsweingüter (VDP)

Besonderheit: Idyllischer Hof mit altem Kastanienbaum, Kreuzgewölbe
Gästehaus im provenzalischen Stil mit 20 Betten
Im Frühjahr und Herbst Hoffeste und thematische und saisonale Menus mit Weinprobe
Weinfest letztes Wochenende im August

Verrückt nach gutem Wein

Steinig ist es hier und steil auf dem 280 m hohen Heerkretz in Siefersheim, wo auf vulkanischen Porphyrböden Wagners exzellente Rieslingreben wachsen. Daniel Wagner hebt einen Stein vom Boden auf und deutet auf eine fossile Auster. Alter: ca. 280 Millionen Jahre. Wie bitte? Und die liegen hier einfach so herum, zum Mitnehmen? Kaum zu fassen. Tatsächlich war vor Millionen Jahren dieses Gebiet ein großes Meer, das durch den Einbruch von Gebirgen entstandene „Mainzer Becken", in dem Austern, Muscheln, Haie und Seekühe lebten.

Daniel Wagner

Eine schöne Vorstellung: die Auster und der Riesling, entsprungen einem großen Meer von Weinreben. Diese Böden geben den Weinen eine ganz besondere mineralische Note, lassen sie filigraner werden. Die Ernte aller Trauben erfolgt von Hand, meist bis in den November hinein. Die Arbeit an einer solchen Steillage hat es in sich, die Sonne brennt hier erbarmungslos aufs Haupt – das ist körperlicher Einsatz pur. Die Lese besorgt wie auf den meisten Weingütern alljährlich ein gut eingespieltes polnisches Arbeitsteam.

Die erste Begegnung mit „Weinkultur“

Nach Beendigung der Schule studierte Daniel Wagner zunächst Landwirtschaft, weil die Eltern auch noch Ackerbaubetrieb hatten. Auf den Geschmack kam er erst nach seinen Reisen und Praktika in Frankreich, Italien und Kalifornien: Dort lernte er, wie gut sich Wein mit dem Essen verträgt und dass man in Frankreich und Italien immer schon mittags Wein trinkt. Dieses Lebensgefühl, vermittelt über die Wein- und Esskultur der Weinländer, besonders in Frankreich, brachte er mit zurück nach Siefersheim. Mutter Lore erinnert sich lachend, wie Daniel plötzlich darauf bestand, für jeden Wein die richtigen Gläser zu benutzen. Mit den normalen Schoppenweingläsern mochte er sich nicht mehr abfinden. „Daniel hat ein Stück Weinkultur hier eingebracht“, resümiert Lore Wagner. Sogar zum Essen serviert Daniel Wagner seinen Erntehelfern nicht irgendeinen einfachen Tafelwein, sondern einen seiner besten Rieslinge. Er möchte, dass sie die Qualität, die sie ernten, auch selbst genießen und damit schätzen lernen. Und diese Wertschätzung – in der Balance von Geben und Nehmen – fließt dann auch in den Wein ein.

Der Eintritt ins Weingut

Nach seinem Studium in Bad Kreuznach stieg Daniel 1993 in das elterliche Weingut ein. Vater Lothar überließ ihm das Feld, bewirtschaftet aber auch heute noch einen kleinen Acker und steht ihm als Berater und Unterstützer zur Seite.

Daniel bezeichnet sich als „Außenbetriebsmensch“ und liebt es mit seinem Jeep über sein Land zu fahren, die steilen Hänge rauf und runter, von denen man überall eine fantastische Fernsicht bis hin zum Donnersberg hat. Aus Liebe zur Tradition hat er vor einigen Jahren einen Hang zurückgekauft, den einmal der Großvater Jean besessen hatte, aber irgendwann verkaufen musste.

Daniels Studienabschlussarbeit über die „Vermarktung von Weinen mit einem Gästehaus“ lieferte die Ideen für den Ausbau im Weingut Wagner-Stempel, der in ein liebevoll eingerichtetes Gästehaus im provenzalischen Stil mit vier Doppelzimmern und drei Apartments mündete. Mutter Lore managt den Weinverkauf, Veranstaltungen und Zimmerreservierungen mit großer Freude und aufmerksamer Gastfreundschaft. Zu den saisonalen Menüs im Kellergewölbe kocht auch schon mal Vater Wagner, im Herbst vornehmlich Wild, das er selbst erlegt hat. Die ältere Tochter Eva ist als Grafikerin beruflich andere Wege gegangen, hilft jedoch oft bei Veranstaltungen und sorgt für die kreative Umsetzung der Informationen über das Weingut. Daniels frisch angetraute Ehefrau steht mit ihrer Event-Agentur beruflich auf eigenen Füßen.

Qualität ist das Maß aller Dinge

Insgesamt bildet die Familie ein starkes Team, das Daniel den Rücken freihält, sich hundertprozentig darauf zu konzentrieren, hohe Qualität zu produzieren. Wie viele andere Winzer hat er durch konsequente Ertragsbeschränkung, penible Weinbergbearbeitung und schonende Traubenverarbeitung das Niveau stetig steigern können. Vor einem Jahr ist das Weingut als Mitglied im Verband der Prädikatsweingüter (VDP) aufgenommen worden. Sein Entree war ein 2003er Spitzenriesling Heerkretz „Großes Gewächs", der ihm den Rieslingpreis 2003 einbrachte.

Im Keller ist Daniel Wagner eher Traditionalist, lehnt moderne Weinbaumethoden, sofern sie zusätzliche Technik erfordern, radikal ab. Entscheidend sind für ihn möglichst reife und schöne Trauben – der richtige Lesezeitpunkt zählt. Der Wein soll natürlich schmecken, den Charakter der besonderen Lage einfangen. Deshalb experimentiert er auch einmal mit Spontangärung, Gärung ohne Zusatz von Reinzuchthefen und längeren Maischestandzeiten. Alles, was zur Erhöhung der Qualität beiträgt, ist ihm recht. Letztes Jahr hat er bereits mit dem Pflanzenschutz nach ökologischen Richtlinien begonnen, dieses Jahr wird er den Schädlingen mit Schwefel und Kupfer zu Leibe rücken und in Ruhe beobachten, wie weit er auf ökologischen Pfaden wandeln kann.

Der 32-jährige Winzer ist Mitglied in der Gruppe „Message in a bottle", weil er Rheinhessen und besonders den Riesling wieder dahin bringen will, wo sie einst waren. Was denn so wild an den „Jungen Wilden" sei, möchte ich von ihm wissen. „Ach, es gibt vielleicht noch Wildere", grinst Daniel Wagner, „wir sind einfach verrückt nach gutem Wein." Der Wein müsse vor allem ihm erst einmal gut schmecken. Und dann finde er schon den Weg zum Kunden. Der junge Winzer macht keine großen Worte, er hat einen klaren Verstand und weiß genau, was er will. Ein Perfektionist, der nicht nur bei der Auswahl der Flaschen eine klare Linie, aber auch Harmonie sucht. All das finden Sie in seinen Weinen wieder.

Weingut und Landhotel „Espenhof"

Familie Espenschied
Hauptstraße 76
55237 Flonheim-
Uffhofen

Telefon: 0 67 34/96 27 30
Fax: 0 67 34/94 04 50
Internet: www.espenhof.de

Öffnungszeiten: Di. – Sa. ab 17.30 Uhr, Sonn- und Feiertage ab 11.30 Uhr
Weinbestellung per Online-Shop möglich

Kreditkarten: Eurocard, EC-Karte

Ambiente: Gutsherrenhaus modern ausgebaut mit Farbgestaltung von Ernst Friedrich von Garnier

Essen und Trinken: International und deftig regional, große Auswahl an Weinen aus dem Weingut, auch Destillate und Sekte

Komfort: Restaurant rollstuhlgerecht

Parken: Im Hof möglich

Anfahrt: A 61, Abfahrt Bornheim/Flonheim, ca. 3 km
A 63, Abfahrt Biebelnheim/Flonheim, ca. 5 km

Besonderheit: 7 Doppelzimmer, 2 Suiten
Tagungsraum 40 qm
Weinproben, Kulinarische Menüs
Innenhof, Sommerterrasse
Organisation von Radwandertouren und Sportwochenenden für Radrennfahrer mit Bereitstellung von Fahrrädern

Den Kunden soll vor allem der Wein schmecken

Im Niemandsland am Tor zur „Alten Welt“, mitten im Landschaftsschutzgebiet Rheinhessische Schweiz, ganz in der Nähe der einzigartigen Trulli liegt der Espenhof – eine Oase der Ruhe. Das Gesamtkonzept, die Kombination von Landhotel, Landgasthof und Weingut geht auf: Trinken, Essen und Schlafen unter einem Dach, ohne ein Auto bewegen zu müssen. Vom Ort selbst führen viele Wanderwege und Weinlehrpfade in die Weinberge.

Weinkeller Espenhof

Bei der Gestaltung des Landhotels haben sich Wilfried und Heike Espenschied etwas ganz Besonderes einfallen lassen. Die farbliche Gestaltung des Weinrestaurants trägt die Handschrift des bekannten Farbgestalters Ernst Friedrich von Garnier, der in Rheinhessen lebt und sich seit langem mit der Gestaltung von Lebensräumen beschäftigt. Farbe und Struktur der Wände sollen den Gast in Beziehung setzen zu der Landschaft, der Erde und den Steinen in dieser Region. Dieses an der Landschaft mit ihren eher ruhigen, nicht vorlauten Farben orientierte Konzept findet seine Fortführung in den modernen Hotelzimmern, die im ehemaligen Postgebäude des Ortes neu entstanden sind.

Das Restaurant steht unter der Regie von Heike Espenschied, gegenüber waltet Wilfried Espenschied im Weingut. Die beiden Kinder, Lena Marie (Flonheimer Weinkönigin 2002) und Nicolas sind noch in der Ausbildung und bereiten sich schon auf die spätere Mitarbeit im Familienbetrieb vor.

Auf der Speisekarte finden Sie unter „die Hauptsach'" Fisch- und Fleischgerichte mit Anleihen aus der mediterranen, asiatischen und gutbürgerlichen Küche mit interessanten Geschmacksvariationen: z. B. „Gebratenes Filet von der Lachsforelle auf Kartoffel-Lauch-Ragout und Curry-Kokos-Sauce" oder „Zarte Schweinelende auf Lavendel-Rosmarin-Jus und Sesamkartoffeln", aber auch ein deftiges Rumpsteak mit gebackenen Kartoffeln. Was die (sehr große) Auswahl der Weine anbetrifft, so sind Sie hier in guten Händen. Der Service, dessen fachmännische Beratung gelegentlich zu einer kleinen individuellen Weinprobe am Tisch führen kann, hat großen Spaß daran, für Sie den Wein zu finden, der Ihnen schmeckt. Schließlich sitzen Sie hier ja an der Quelle. Das Weingut Espenschied, das in der siebten Generation geführt wird, ist mit 20 ha und einer Jahresproduktion von über 250 000 Flaschen ein großes Unternehmen. Wilfried Espenschied hat die klassischen Rebsorten wie Riesling, Silvaner, Weiß- und Grauburgunder im Sortiment und bei den roten Rebsorten Spätburgunder, Portugieser, Dornfelder, trockene sowie liebliche und edelsüße Weine. Der Flonheimer Winzer war einer der Ersten, die den Ruländer, der später sein Comeback als Grauer Burgunder feierte, und den Dornfelder in den 80er Jahren im größeren Maße ausbauten. Viele andere Rebsorten und Neuzüchtungen wie Huxelrebe, Scheurebe und St. Laurent kamen hinzu und sind nach wie vor im Sortiment. In seinem Programm findet man eher Fülle und Vielfalt als Konzentration vor, was auch vielleicht mehr seinem speziellen Weinbaustil entspricht. Espenschied ist nämlich ein Winzer, der in vielem, was die heutigen Ansichten der Jungwinzer über Qualitätsverbesserung angeht, einen ganz anderen Standpunkt vertritt.

Die Handschrift des Winzers

Seine Devise war schon immer, die richtige Rebe auf den richtigen Boden zu bringen. Aber aus seiner Sicht wird der Arbeit im Keller zu wenig Wert beigemessen. Jeder suche jetzt sein Heil in der Ertragsreduzierung – obwohl die Natur doch die Fülle anbiete – und in der ausschließlichen Betrachtung von Rebe, Lage und Boden. Für viele Winzer, sagt Espenschied provozierend, sei das Terroir-Gerede das letzte Quentchen Hoffnung, weil sie am Markt vorbeiproduziert hätten. Der lebhafte Weinbauer ist ein Macher. Die Rolle des „Bewahrers" des Zusammenspiels der Naturkräfte im Weinberg passt nicht so ganz zu ihm. Man müsse die Handschrift des Winzers erkennen – und schmecken – können. Deshalb hält er ein gesundes Maß an Manipulation für notwendig, wenn der Wein eine gewisse Konstanz haben und verträglich sein soll. Die Natur sei einfach zu unzuverlässig. Da müsse man sich gelegentlich einmischen und Mängel im Boden (z. B. Kalkmangel) und später beim Weinausbau ausgleichen.

Wein ist zum Trinken da und nicht zum Lagern

Der studierte Betriebswirt und Agraringenieur hat keine Berührungsängste mit dem „Markt" und antwortet auf die Frage, wonach er den Geschmacksstil seiner Weine ausrichte, spontan: „am Kunden" – eine ehrliche Antwort. Durch die Verbindung von Wein und Essen im Weingut und eigenem Weinrestaurant ist Wilfried Espenschied immer nah am Kunden. Bei den Weinproben hört er genau hin, wenn die Gäste über den Wein diskutieren. Mehr nicht. Irgendwie fließen diese Beobachtungen dann auch in die Weinproduktion mit ein. Für den Großwinzer hat wirtschaftliches Denken und Handeln zwangsläufig eine große Bedeutung. Dennoch ist Espenschied nicht der Weinmanager, der nur die Kennzahlen im Kopf hat, sondern ein sehr geselliger und humorvoller Mensch, der den Kontakt mit den Kunden genießt und Spaß daran hat, guten Wein zu machen und für Kundschaft und Weininteressierte schöne Feste auszurichten. So sind die alljährlich stattfindenden Silvesterfeste im Weingut dafür bekannt und beliebt, dass die Gäste mit spontanen Beiträgen überraschen und es locker und ungezwungen zugeht, ohne Schlips und Kragen.

Metzlers Gasthof

Bernhard und Petra Metzler
Hauptstraße 69
55546 Hackenheim

Telefon: 06 71 / 6 53 12
Fax: 06 71 / 6 53 10
E-Mail: info@metzlers-gasthof.de
Internet: www.metzlers-gasthof.de

Öffnungszeiten: Restaurant: Di.–Sa. 18.00–22.00 Uhr, So. 12.00–14.00 Uhr
Weinstube: Di.–Sa. 17.30–22.00 Uhr

Kreditkarten: Eurocard, EC-Karte

Ambiente: Mediterran im Restaurant, elsässisch in der Weinstube

Komfort: Parkplatz am Haus

Essen und Trinken: Feinschmeckergerichte im Restaurant, Landhausküche in der Weinstube, wechselnde Gerichte

Anfahrt: Über die A 63

Besonderheit: Thematische Menüwochen
Lauschige Terrasse

Ein Schmaus für Gaumen und Auge

Mitten im Dorf in einer Kurve liegt der Gasthof. Unauffällig. Man könnte fast vorbeifahren, wenn man nicht wüsste, was für ein Juwel sich hinter den hellen Mauern verbirgt.

Bei Metzlers haben Sie die Wahl zwischen einem kulinarischen Ausflug in die mediterranen Gefilde des Restaurants oder in eine elsässische Weinstube. Beginnen wir im Restaurant: ein lichtdurchfluteter Raum mit Platz für 50 Personen, der in weichen, erdigen Tönen gehalten ist – mit luftig leichten Stoffen und Terrakottaboden. Bei Bernhard Metzlers bereits vielfach ausgezeichneter Küche können Sie es sich wie Gott in Frankreich gut gehen lassen, etwa bei „Zartem Lammrücken unter der Olivenkruste“ oder „Lauwarmer Marinade von Steinpilzen und gebratener Rotbarbe in Paprikavinaigrette“.

Petra und Bernhard Metzler haben viel geschafft, seit sie 1988 den ehemaligen Dorfgasthof übernommen haben, der damals noch Kegelbahnen hatte. Bernhard Metzler kommt aus der Region und war als Koch bereits in der ganzen Welt unterwegs, bevor er sich mit seiner Frau in Hackenheim gastronomisch niedergelassen hat. Die gelernte Hotelkauffrau aus dem Saarland ist Halbfranzösin und ihre Liebe zu Frankreich hat vor allem in der schönen Weinstube ihren Niederschlag gefunden. Sie betreten den Raum und fühlen sich im Nu ins Elsass versetzt, denn hier erscheint alles wie aus einem Guss, als hätte man eine elsässische Weinstube im Ganzen nach Rheinhessen transferiert. Nur der Steinboden ist aus der Toskana. Die Metzlers hatten für das Interieur einen französischen Schreiner engagiert. Die Tische und Stühle sind aus der Gründerzeit, überzogen mit königsblauen Stoffen im Landhausstil. Die Wände zieren ausgestopfte Wildvögel, Fasane und Antiquitäten, ohne überladen zu wirken.

Bernhard Metzler bietet hier die bodenständige Landhausküche in neuem Gewand, köstlich und immer ein Augenschmaus. Sie finden hier Gerichte wie „Taubenbrüstchen mit Gänseleber auf lauwarmem Salat von Artischocken", „Strudel von Blut- und Leberwurst" oder „Geschmorte Schweinebäckchen auf Balsamicolinsen".

Petra Metzler betreibt außerdem im nahe gelegenen Bad Kreuznach mit einem 25-köpfigen Serviceteam das „Culinarium", ein Restaurant mit kleinen, feinen und leichten Gerichten im Bäderhaus. Für ihren Gasthof in Hackenheim hat die Hotelfachfrau ein ebenso gut geschultes und kompetentes Team zusammengestellt, das Freude daran hat, Sie zu verwöhnen.

Petra und Bernhard Metzler

Trulli-Wandertour

Dauer: 1,5 Std.

Aulheimer Tal: Flonheim-Uffhofen

Flonheim, das Tor zur Rheinhessischen Schweiz bietet ein umfangreiches Wanderangebot: Wanderungen im Gebiet „Schau ins Land", durch die Weinberge auf dem Weinwanderweg oder durch das Landschaftsschutzgebiet auf dem Naturlehrpfad.

Für die Trulli-Tour starten Sie am Wanderparkplatz Aulheimer Tal, am Ortsausgang Uffhofen (von Flonheim kommend) links hinter der „Geistermühle". Von 1355 bis 1960 eine Getreidemühle, beherbergt die Geistermühle heute ein Weingut. Am Wanderparkplatz finden Sie eine gute Übersicht aller Wandertouren mit 14 Fernwegen und 23 Rundwanderwegen à 1,5 bis 2 Stunden. Besonders empfehlenswert ist hier der Wanderweg R 8, vorbei an der Aulheimer Mühle, hinauf zu einem Trullo, das 1756 errichtet wurde. Über der Tür erinnern die Lettern JHZ an Johann Hannes Zimmer (1703–1781), den Wirt des Gasthauses „Zum Engel“ in Uffhofen. Mit der Markierung R 50 können Sie einen Rundbogen machen, vorbei an einem weiteren Trullo zurück zum Parkplatz. Das Aulheimer Tal ist seit 1961 Naturschutzgebiet.

Rebhänge bei Siefersheim

Horner Panorama-Wandertour

Dauer: 2 Std. (beliebig abkürzbar)

Siefersheim

Sie starten in Siefersheim am Parkplatz am Friedhof (Friedhofstraße) und laufen vorbei an der katholischen Kirche links hinauf in die Weinberge. Nach etwa einer halben Stunde erreichen Sie einen Aussichtspunkt, von dem Sie einen weiten Fernblick bis in den Rheingau und den Taunus haben. Der Weg durch die Weinberge, vorbei an der Neu-Bamberger Heide und dem Ajax-Wachturm, führt geradewegs auf die höchste Erhebung „Horn", die 270 m hoch liegt. Von dort haben Sie ein atemberaubendes Panorama hin zum Donnersberg ins Alte Land. Dieses Plätzchen inmitten blühender Heidekrautflecken und Birken ist wie geschaffen für die Rast mit einem Picknick oder auch einfach nur, um den Sonnenuntergang im weiten Land zu genießen. Wie im Aulheimer Tal führt auch hier ein Kräuterweg durch die Weinberge, wo der Kenner Kräuter wie die Küchenschelle oder Salbei entdecken kann.

Für die Rückkehr gibt es verschiedene Wege, die Sie talabwärts wieder nach Siefersheim bringen. Orientierungspunkt ist die Kirche.

Langen-
Lonsheim
Gensingen
51
Horrweiler
Bad Kreuznach
Welgesheim
Bretzen-
heim
Ippes-
hm.
50
Zotzen-
heim
St.
Johann
Nahe
Wiesbach
Winzenheim
Biebelsheim
48
PLANIG
227
Pfaffen-
Schwabenhm.
61
Sprend-
lingen
270
Bosen-
hm.
Badenheim
Gau-Bickelhm.
52
BAD
KREUZNACH
Pleitersheim
Gau-
Bickelheim
420
Hacken-
heim
Volxheim
Wöll-
stein
428
202
Gumbsheim
Schloss
Frei-
Laubers-
heim
Horner Panorama-
Wander tour
Siefersheim
Neu-
Bamberg
270
Beller
Kirche
Eckelsheim
336
Ajax-Wachturm
Wonsheim
Uffhofen
Rhein-
Appelbach
420
Fürfeld
Stein-
Bockenheim
Wendelshm.
Tiefenthal
hessische
Erbes-Büdeshm.
Niederhsn.
a.d.Appel
Forsthaus
Jägerlust
Mörsfeld
Nack
Winterborn
Münsterappel
Schweiz
Wiesbach
Nieder-
wiesen
Bechen-
heim
Offenhm.
Oberhausen
a. d. Appel
345
Kriegsfeld
Selz
Gaugreh-
weiler
Morsch-
heim
Oberwiesen
Orbis

Sehenswert: In Uffhofen und Siefersheim finden Sie zwei Kräuterwanderwege, die Teil des Konzepts „sanfter Tourismus" in Rheinhessen sind, als Erlebnisangebot in Sachen Gesundheit und Natur. Da die Kräuterwege zwar markiert sind, aber keine Schautafeln zu den Kräutern aufweisen, empfiehlt sich die Erkundung mit einer Führung. Es gibt mittlerweile eine Reihe von gut ausgebildeten „Kräuterhexen", die diese Kräuterwanderungen von März bis September anbieten. Gleichzeitig können Sie so genannte „Kräuterhöfe" besuchen, die Ihnen die botanischen und geologischen Besonderheiten der Region nahe bringen. Gleich drei Kräuterhöfe finden Sie in Eckelsheim, das Kräuterdorf schlechthin, das über einen Kreis von qualifizierten Fachleuten, Kräuterführerinnen sowie eine Kräuterschule verfügt. Weitere Informationen finden Sie im Internet unter: www.kraeuterhoefe.de oder www.kraeuterhexen.de.

In Eckelsheim können Sie außerdem die Ruine der Bellerkirche, 1519 erbaut, besichtigen, wo in romantischer Kulisse oft auch Konzerte und Theateraufführungen stattfinden. Interessante Veranstaltungen und ein gutes gastronomisches Angebot gibt es in dem schönen „Kulturhof", Übernachtungsmöglichkeiten im Hotel „Klosterhof".

In Flonheim finden Sie schöne Barockbauten mit Sandsteinportalen und interessanten Steinmetzarbeiten.

Weitere Einkehr- und Übernachtungsmöglichkeit bietet in Uffhofen der Landgasthof „Espenhof". Hier können Sie auch eine Weinprobe durchführen. Für die Wanderer, die an einem Sonntag nach Kaffee und Kuchen verlangt, sei in Uffhofen das gemütliche Café und Restaurant „Zum Engel" am Marktplatz empfohlen.

In Siefersheim können Sie das Weingut Wagner-Stempel besuchen (das Haus hat auch Gastzimmer) und in Wöllstein die „Wöllsteiner Weinstube".

Kulturhof Eckelsheim
Kirchstraße 5
55599 Eckelsheim
Tel: 06703/301458
Internet: www.kulturhof-eckelsheim.de
Öffnungszeiten: Mi.–Sa. ab 18.00 Uhr, Sonn- und Feiertage 11.30–14.00 Uhr und ab 17.30 Uhr

Hotel Klosterhof
Hauptstraße 15
55599 Eckelsheim
Tel: 06703/3879
Internet: www.klosterhof-eckelsheim.de

Café und Restaurant „Zum Engel"
Marktplatz 3
55237 Uffhofen
Tel: 067734/913930
Öffnungszeiten: Fr.–So. ab 12.00 Uhr, Mo. und Do. ab 17.30 Uhr

Restaurant Wöllsteiner Weinstube
Eleonorenstraße 32
55597 Wöllstein
Tel: 06703/961933

Zweckverband Erholungsgebiet
Rheinhessische Schweiz
Bahnhofstraße 10
55597 Wöllstein
Tel: 06703/3020
Fax: 06703/30214
E-Mail: rhh.schweiz@vg-woellstein.org
Internet: www.woellstein.de

Rheinhessische Toscana
Touristik-und Gewerbeverein e.V.
Elisabethenstraße 1
55576 Sprendlingen
Tel: 06701/20146
Fax: 06701/20150
E-Mail: info@rheinhessischetoscana.de
Internet: www.rheinhessischetoscana.de

Langen-
Lonsheim
Guldental
Gensingen
51
Heddesheim
Bretzen-
heim
Ippes-
hm.
50
Gutenberg
Winzenheim
Nahe
Roxheim
Harges-
heim
Biebelsheim
PLANIG
41
Rüdesheim
BAD
KREUZNACH
Bosenheim
428
BAD
MÜNSTER-am Stein
-EBERNBURG
48
Hackenhm.
Schloss
Volxheim
Forsthaus
Spreitel
Neu-
Bamberg
420
Rheingrafenstein
Niederhausen
Altenbaum-
burg-Tour
Frei-
Laubersheim
Alten-
bamberg
336
Bismarckhütte
Feilbingert
Alten-
baumburg
Alsenz
Hoch-
stätten
Fürfeld
Appelbach
Hallgarten
Niederhausen
a.d.Appel
Tiefenthal
Lowen-
stein
420
Winterborn
Mörsfeld
Forsthaus
Jägerlust
Kalkofen
Münsterappel
Nieder-
moschel
356
Alsenz
Oberhausen
a. d. Appel
345
Sitters
Oberndorf
Gaugreh-
weiler
48
Kriegsfeld
Mann-
weiler-
Schmalfelder-
hof
Randeck

Wandertouren Forsthaus Spreitel

Das Forsthaus Spreitel am Rande Bad Kreuznachs ist ein origineller Gasthof mitten im Wald mit vielen skurrilen und „antiken" Objekten. Hier können Sie parken, einkehren und gegebenenfalls übernachten. Bei warmem Wetter empfiehlt sich der große (Bier)Garten, wo es auch Gegrilltes gibt. Für Kinder ist vor allem das kleine Tiergehege eine schöne Abwechslung.

Die vor dem Waldgasthof Spreitel auf Schautafeln verzeichneten, gut ausgeschilderten Wanderwege führen in die waldigen Flusstäler der Nahe und der Alsenz, in denen es zahlreiche Zeugen des Mittelalters zu entdecken gibt, wie etwa die Altenbaumburg und die Burg Rheingrafenstein.

Altenbaumburg-Tour

Entfernung: 8,4 km (Dauer 2,5 bis 3 Stunden)

Forsthaus Spreitel – Altenbaumburg – Forsthaus Spreitel

Der Altenbaumburgweg (KH10) beginnt am Forsthaus Spreitel, die Wegeführung orientiert sich zunächst an den Höhenschichtlinien. Nach 3 km biegen Sie rechts ab und laufen durch einen schönen, abwechslungsreichen Mischwald (kleiner Anstieg) zur Bismarckhütte. Von dort geht es rechts zur Raugrafenburg Altenbaumburg, wo Sie im Burgrestaurant einkehren können.

Zurück geht es über die Bismarckhütte und den Schäferplacken Richtung Forsthaus Spreitel.

Sehenswert: Burgruine Altenbaumburg: Schon seit 1482 größtenteils Ruine, sind die erhaltenen Mauerreste der ausgedehnten Burganlage dennoch beeindruckend. Sie war in drei gegeneinander verteidigungsfähige Abschnitte unterteilt. Ein tiefer Felsgraben sichert die Kernburg des 13. Jahrhunderts gegen den ansteigenden Berg. Die am tiefsten gelegene Unterburg war noch 1689 bewohnt, ein spätmittelalterliches Wohnhaus mit Treppengiebeln wurde 1980–1982 nach alten Abbildungen rekonstruiert und beherbergt heute das Burgrestaurant Altenbaumburg.

Rheingrafenstein-Tour

Entfernung: 4,6 km (Dauer: 1,5 bis 2 Stunden, zum Teil steile Wanderwege)

Forsthaus Spreitel – Burg Rheingrafenstein – Forsthaus Spreitel

Der Rheingrafensteinweg (KH9) führt Sie vom Forsthaus Spreitel Richtung Bad Münster zur Burg Rheingrafenstein. Vom Rheingrafenstein steigen Sie hinab ins Huttental. Von dort aus führt der Weg wieder hinauf Richtung Tanneneck zum Forsthaus Spreitel. Die spezielle Variante: Übersetzen nach Bad Münster mit dem handgezogenen Kahn.

Vom Forsthaus Spreitel aus finden Sie noch weitere Wanderwege, die sehr gut markiert sind. Einkehrmöglichkeiten bestehen im Forsthaus Spreitel und in Metzlers Gasthof in Hackenheim.

Sehenswert: Burgruine Rheingrafenstein: Zielpunkt dieses Wanderweges ist einer der reizvollsten Aussichtspunkte des Nahetals, die etwa 250 m über Bad Münster auf einem steil aufragenden Felsen gelegene Burg Rheingrafenstein. Erkunden können sie die Burganlage mit Gewölbekeller und einer Treppe, die durch den Felsen zu einer Aussichtsplattform führt, von der aus Sie auf die gegenüberliegende Ebernburg und Bad Münster blicken können. Ein besonderes Erlebnis im Herbst ist das Aufsteigen der Frühnebel aus dem Nahetal.

Abstecher: Ausflug nach Bad Kreuznach zu den Crucenia Thermen, Deutschlands größtem Bäderhaus, oder nach Bad Sobernheim zum „Barfußpfad".

Waldgasthof Forsthaus Spreitel
Nelli-Schmithals-Straße 2
55543 Bad Kreuznach
Tel: 0671/8964555
Fax: 0671/8964556
Öffnungszeiten: Do.–Di. 11.00–1.00 Uhr,
Mittwoch Ruhetag

Burgruine Altenbaumburg
Burgrestaurant Altenbaumburg
55585 Altenbamberg
Tel: 06708/3551
Fax: 06708/3673
Internet: www.altenbaumburg.de
Gaststätte durchgehend geöffnet

Verkehrsverein Rheingrafenstein e.V.
Berliner Straße 60
55583 Bad Münster am Stein (Ebernburg)
Tel: 06708/64178-0
Fax: 06708/94178-99

Bad Kreuznach
Tourismus und Marketing GmbH
Postfach 1864
55508 Bad Kreuznach
Tel: 0671/83600-50 oder -51
E-Mail: info@bad-kreuznach-tourist.de
Internet: www.bad-kreuznach-tourist.de

Raum Bingen/Ingelheim

Bingen liegt weinbaumäßig im Vierregioneneck zwischen Rheingau, Nahe, Rheinhessen und Mittelrhein und ist zugleich das Tor zum Kulturwelterbe Mittelrheintal. Der Binger Mäuseturm, das Wahrzeichen der Stadt, thront auf einer Felsenklippe. Auf der Burg Klopp können Sie das Heimatmuseum besuchen und die Aussicht genießen.

Über der Stadt liegt die St. Rochuskapelle, zum Schutz vor der Pest nach dem Pestheiligen St. Rochus benannt. Sie wurde 1666 erbaut und ist beim alljährlich stattfindenden St. Rochusfest Wallfahrtsort für Tausende von Pilgern. Der Hildegard-Altar und die Hildegard-Gedächtniskirche erinnern an die berühmte Hildegard von Bingen, die 1098 in Bermersheim geboren wurde und zwei Klöster gründete: das Kloster Rupertsberg bei Bingen sowie das Kloster Eibingen in der Nähe von Rüdesheim. Nach dem Untergang des Klosters Eibingen 1814 ging die gesamte Einrichtung der Klosterkirche sowie der Reliquienschrein des ehemaligen Rupertsberger Klosterheiligen St. Rupertus an die St. Rochuskapelle. Besonders bekannt wurde Hildegard von Bingen durch ihr naturheilkundliches Werk, das bis heute zu den bedeutendsten Zeugnissen der Klostermedizin zählt.

Auch Johann Wolfgang von Goethe hielt sich einst in dieser Gegend auf. Im September 1814 nahm der Dichter bei einem Besuch bei den Brentanos in Winkel am traditionellen Rochusfest in Bingen teil und stiftete zusammen mit Antonie Brentano für die Kapelle ein Bild des Heiligen.

Die Ingelheimer Kaiserpfalz wurde zu Zeiten und auf Veranlassung Karls des Großen, der um 742 in Ingelheim geboren wurde, an der Stelle eines fränkischen Königshofs in Nieder-Ingelheim erbaut. Das einstige Herrscherzentrum verlor im Laufe der Jahrhunderte immer mehr an Bedeutung. 1402 wurde das Gebiet zur Besiedlung freigegeben. Heute sind nur noch Teile der Gesamtanlage zu sehen. Karl der Große soll hier vor allem den Anbau von Rotwein gefördert haben.

Ingelheim am Rhein ist bekannt als Stadt der Industrie, des Obstbaus und Handels – und für den Ingelheimer Spätburgunder Rotwein.

Weingüter
Weingut Riffel
in Bingen-Büdesheim
Weingut Dautermann
in Ingelheim

Landgasthöfe
Landgasthof „Engel“
in Schwabenheim
Gutsausschank und Weingut
„Hildegardishof“
in Bingen-Büdesheim

Touren
Wandertour
Rochuskapelle
Obstrouten-Radtour

Burg Klopp,
Rhein in Flammen

Tourist Information Bingen
Rheinkai 21
55411 Bingen am Rhein
Tel: 06721/19433
E-Mail: tourist-information@bingen.de
Internet: www.bingen.de

Touristinformation Ingelheim am Rhein
Neuer Markt 1
55218 Ingelheim am Rhein
Tel: 06132/782216
Fax: 06132/782134
E-Mail: touristinformation@ingelheim.de
Internet: www.ingelheim.de

Besucherzentrum Kaiserpfalz Ingelheim
François-Lachemal-Platz 5
55218 Ingelheim
Tel: 06132/71401
E-Mail: kaiserpfalz@ingelheim.de

Weingut Riffel

Familie Riffel
Mühleweg 9
55411 Bingen-Büdesheim

Telefon: 06721/994690
Fax: 06721/994691
E-Mail: service@weingut-riffel.de
Internet: www.weingut-riffel.de

Öffnungszeiten:
Samstag 10.00–16.00 Uhr und nach Vereinbarung

Rebsorten:
Weiße: Riesling 28 %, Kerner 13 %, Silvaner 11 %, Müller-Thurgau 10 %
Rote: Dornfelder 8 %, Bacchus und Spätburgunder je 5 %, sonstige Rebsorten 20 %
Sekt, Dornfelder und Burgunder im Barrique

Geschmacksbreite: trocken 80 %, halbtrocken 10 %, lieblich 10 %

Reblagen und Böden: Binger Scharlachberg, Binger Bubenstück
Quarzit, Lösslehm, Ton

Größe und Produktion: 11,5 ha, 90 000 Flaschen jährlich

Besonderheit: Weinproben, Weinshop

Scharlachberg Bingen

Der König der Auszeichnungen

Zunächst war die Zukunft des ehemaligen Genossenschaftsbetriebs, ein Mischbetrieb mit Landwirtschaft, Obst- und Spargelanbau, ungewiss. Sohn Erik wollte Informationselektroniker werden und nicht Kirschen pflücken müssen wie noch Vater Gerhard. Sehr bald merkte der leidenschaftliche Tüftler aber, dass der Job in einem Büro am Computer enden würde. Mehr aus der Not geboren war also der Gedanke: „Da lernst du halt mal Winzer." Riffel, der sich richtig ins Zeug legen kann, wenn er mal zu einer Sache ja gesagt hat, entwickelte Ehrgeiz. Resultat war ein Sieg bei einem Wettbewerb während seiner Ausbildung, der ihm einen Praktikumsplatz in einem Weingut in Bordeaux finanzieren half. Die Erfahrung, einmal über den Tellerrand von Bingen-Büdesheim hinauszuschauen, hat ihm eine ganz andere Perspektive eröffnet. Er hat gesehen, was möglich und machbar ist. Und der Genuss der guten Weine regte Eriks Sportsgeist an und er dachte: „Warum sollten wir so etwas nicht auch in Rheinhessen machen können?"

Gerhard und Erik Riffel

Gesagt, getan. 1996 stieg er in das Familienunternehmen ein und übernahm den Keller. Die Aufteilung war auch dem Vater recht, denn Erik war durch seine Ausbildung näher dran an den technologischen Veränderungen. Gemeinsam mit der Mutter übernahm Vater Gerhard die Außenwirtschaft, aber auch die Fahrten zu den Kunden, die sie kurz vor Weihnachten zwischen Hamburg und München beliefern. Erik setzt sich mit großem Interesse mit den technischen Möglichkeiten auseinander – immer im Sinne der Qualitätsverbesserung. Aber auch die Rationalisierung spielt eine Rolle, wie zum Beispiel beim Erwerb einer Filterpresse, die eine leichtere und schnellere Reinigung ermöglicht. Erik Riffel ist eben ein Tüftler und überlegt, wie man Dinge vereinfachen kann.

Smart statt hart – die neue Nutzung der Technik

Riffels greifen zum Teil wieder auf Methoden zurück, die der Großvater schon benutzt hat. Erik Riffel erinnert sich daran, wie sein Onkel in seinem Weingut die Trauben noch in kleine Bütten gelesen und per Hand auf die Keltern gekippt hat. Später kam mit fortschreitender Technik der Traubenwagen mit der Pumpe zum Einsatz, der alles mit großer Geschwindigkeit auf die Presse beförderte. Der Nachteil war, dass dadurch viele Bitterstoffe in den Saft ausgeworfen wurden. Die Devise „schneller, höher, weiter" hatte sich hier nicht bewährt. Heute haben die Riffels einen Traubenwagen ohne Pumpe und mit einem Schneckenaufsatz, der die Trauben einfach und schonend auswirft. Die Beeren und Kerne werden nicht beschädigt und die Trauben landen heil und ganz auf der Presse. Back to the roots also: Der junge Winzer macht das, was die Vorväter schon vor 50 Jahren gemacht haben – nur jetzt mit neuester Technologie. Die Industrie preist ständig neue Verfahren an, die jedoch nicht immer eine wirkliche Verbesserung darstellen. Riffel weiß inzwischen, dass der Faktor Zeit eine große Rolle spielt. Der Prozess der Weinherstellung unterliegt eigenen Gesetzen.

Erik war gerade einmal ein Jahr dabei, da erschien erstmalig ein großer Bericht über das Weingut im „Feinschmecker“ und erste Bewertungen im „Eichelmann“, die den Riffels zum Durchbruch verhalfen. Der junge Winzer suchte die Herausforderung und nahm an verschiedenen Weinwettbewerben teil. Schnell hatte er erkannt, dass das die beste Chance für noch unbekannte Weingüter ist, Beachtung zu finden und ihre Erzeugnisse bekannt zu machen. Auch da entwickelte er sich zum Profi. Mittlerweile vergeht kaum ein Jahr ohne Auszeichnungen. Insgesamt 15 Prämierungen, darunter allein sechs Mal Gold, hat das Weingut für die 2003er Weine erhalten. 2004 räumte Riffel bei der Landeswein- und Sektprämierung Rheinland-Pfalz sechs Goldmedaillen und vier Silbermedaillen ab.

Comeback des Silvaners

Erik Riffel ist bei aller Wettbewerbsfreude auch ein überzeugter Rheinhesse, der vor allem das Regionaltypische ausbauen und alten, etwas in Vergessenheit geratenen Rebsorten zu einem Comeback verhelfen will. Zum Beispiel dem Silvaner, der auf dem exzellenten Scharlachberg wächst, auf einem Quarzitboden, der viel Mineralität und ein tolles Aroma erzeugt. Der eisenoxidhaltige, schieferdurchsetzte Quarzitboden mit einer Exposition von 30 Grad und sehr gutem Klima – bedingt durch die direkte Lage an Rhein und Nahe – bringt Weine von edlem Charakter hervor. Im Jahre 2000 hat Erik Riffel den Silvaner neu angepflanzt. Diese Rebe, die für lange Zeit nicht sehr hoch geschätzt war, entwickelt auf diesem Boden im Vergleich zu Böden wie Löss und Lehm ein ganz anderes Outfit. Jahrelang kannte Riffel den Silvaner auch nur als Verschnittwein. Bis er 1993 mit einem Händler aus Frankfurt ins Gespräch kam, der erzählte, dass im Frühjahr und Sommer die Kunden vorwiegend italienische Weine haben wollten. „Ihr habt doch so gute Weine", meinte der Frankfurter, „überlegt euch doch da mal etwas." Riffel wurde sofort aktiv und probierte verschiedene Fässer durch auf der Suche nach diesem leichten, fruchtigen Geschmack der italienischen Weine. Seine systematische Recherche war erfolgreich. Er fand einen Silvaner mit dem Geschmack von leichtem frischen grünen Gras. Der Frankfurter Weinhändler erhielt ihn in einer weißen Bordeauxflasche – er wurde ein Hit. Von da ab wurde Silvaner in anderen Qualitätsstufen abgefüllt.

Auch beim Burgunder, der ehemals in der Region sehr verbreitet war, versucht es Riffel mit einer neuen Ausbaumethode, dem Barrique, der einem eher bei Rotweinen geläufig ist. Der Barrique-Ausbau stellt hohe Anforderungen an den Kellermeister und ermöglicht viele Spielarten, einen besonderen Wein zu kreieren. Riffel weiß, dass viele Weintrinker vor Barrique zurückschrecken, weil sie die Erfahrung gemacht haben, dass dessen Geschmack den Wein dominieren kann. Es gibt es viele Wege – und Irrwege – bei der Nutzung der Eichenfässer, z. B. was deren Alter anbelangt. Riffel scheint es zu gelingen, der Harmonie im Wein oberste Priorität zu geben, sodass Barrique bei ihm dem Charakter des Weines eher stärkeren Ausdruck verleiht, statt ihn zu unterdrücken.

Dem Winzer liegt jedoch auch noch etwas anderes am Herzen, nämlich die Erhaltung einer guten Tradition in Bingen. Er ist Kellermeister in der Weinbruderschaft und Vorsitzender im Jugendsenat. Der Binger Weinsenat, der zu einem Drittel aus Weinbauern besteht, richtet jedes Jahr im Oktober das große Senatsfest auf einem Schiff aus, mit vielen Darbietungen, Essen und Tanz.

Erik Riffel hat mittlerweile Verstärkung bekommen durch seine Frau Carolin, die vorher als Informatikerin in der Wirtschaft gearbeitet hat. Als die kleine Johanna zur Welt kam, entschloss sich Carolin Riffel, ihre Erfahrungen in das Weingut einzubringen – sie managt das Büro und die Kundenanfragen. Die Riffels wohnen mit im elterlichen Haus, wo auch von der Einrichtung her die Tradition bewahrt wird. Die Weinberge liegen ein Stück entfernt, das Weingut eingepfercht zwischen Häusern entlang der Straße, sodass man die umgebende Landschaft nur erahnen kann. Das soll sich ändern. Riffel hat da eine Vision. Er will in Kürze mit einem Neubau beginnen, auf dem Hofstück, wo sich auch die Keller befinden, soll ein kleiner Turm mit Glaswänden und -böden gebaut werden, der es dem Besucher erlaubt, die

Arbeit im Keller zu sehen, ihm aber auch einen Ausblick auf die Rebhänge gewährt. Und den Riffels selbst immer wieder den Blick über den Büdesheimer Kirchturm.

Weingut Dautermann

Kurt, Karin und Kristian Dautermann
Unterer Schenkgarten 6
55218 Ingelheim-Süd

Telefon: 0 61 32/12 79
Fax: 0 61 32/43 11 91
E-Mail: k.dautermann@t-online.de
Internet: www.dautermannwein.de

Öffnungszeiten: Mo.–Sa. nach Vereinbarung
Bestellung im Online-Shop möglich

Historie: Ehemaliges Schulhaus der Zisterzienser von 1894, Weingut in der vierten Generation

Rebsorten: Weiße: Silvaner 9 %, Weißburgunder 8 %, Riesling 7 %
Rote: Spätburgunder 30 %, Portugieser 11 %, Frühburgunder 10 %, St. Laurent 7 %, Domina 6 %, sonstige Rebsorten 18 %

Geschmacksbreite: trocken 85 %, halbtrocken 13 %, edelsüß 2 %

Reblagen und Böden: Pares, Horn, Sonnenhang, Rheinhöhe, Schlossberg
Mergel, Löss-Sandboden

Größe und Produktion: 8,5 ha

Besonderheit: 2 Apartments (4 DZ) im mediterranen Stil
Lukullische Weinproben
Frühjahrsprobe im April
Weintreff rund um den Pavillon im Juni
Rotweinprobierwochenende im November

Kompositionen von Wein

Eigentlich hätten die Dautermanns einen Orden verdient: als Botschafter rheinhessischer Wein- und Kochkunst in Ostasien. 1993 hatte ein Weinkunde, der bei der Lufthansa arbeitet, die Idee, rheinhessische Weine nach Hongkong zu bringen. Mehr noch, mit den Weinen sollte auch die rheinhessische Küche vorgestellt werden. Kurt sollte den Rebensaft präsentieren und Ehefrau Karin rheinhessische Spezialitäten kochen. Das war wie ein Sprung vom 5-Meter-Brett, erinnert sich Karin Dautermann lachend. Aber sie zögerten nicht lange. Für das Winzerpaar war das die erste Überseereise. Unkompliziert und weltoffen, wie beide sind, ließen sie sich auf diese Expedition ein und flogen fortan jedes Jahr nach Japan und China, um in deren Botschaften und Industrie- und Handelskammern einem interessierten Publikum die rheinhessischen Weine nahe zu bringen und es mit „Dibbelbabbes“ oder der „Rhoihessischen Backes-Grumbeere“ zu verwöhnen. Geblieben sind Freundschaften, regelmäßige Weinlieferungen nach

Kristian und Kurt Dautermann

Japan und gelegentliche Besuche japanischer Touristen, die ihre Urlaubszeit mit guter deutscher Handarbeit bei der Weinlese verbringen wollen.

Das Weingut Dautermann, ein ehemaliges Schulhaus der Zisterziensernonnen, hat einen idyllischen Hof, der zum Verweilen einlädt und sich für große Feste bestens eignet. Dautermanns Hoftüren sind fast immer geöffnet, denn Gastfreundschaft wird hier groß geschrieben. Zweimal im Jahr, im Frühjahr und November finden Weinproben statt und im Sommer der traditionelle Weintreff am Pavillon, dem Wahrzeichen des Weingutes. Bei der Zusammenstellung des Programms lassen sich Dautermanns etwas einfallen. Gruppen wie die Sven Bürstlein Band oder „Chuchi“, der Club kochender Männer, der für das Lukullische sorgt, bieten ausgefallene Erlebnisse abseits gängiger Erfahrungen bei Hoffesten.

Kurt Dautermann ist vor allem bekannt für seine fruchtigen und kraftvollen Rotweine. Seit über zehn Jahren nimmt er an den Wettbewerben der Selection Rheinhessen teil, mit gutem Erfolg und Auszeichnungen. Bei aller Konzentration auf reduzierte Erträge und Rebsorten, die inzwischen selbstverständlicher Bestandteil der Arbeit auf hohem Niveau sind, will sich Dautermann nicht so recht trennen von der Vielfalt seiner fast 15 Sorten. Das mag vielleicht nicht wirtschaftlich sein, aber der Winzer, der früher einmal Kunstschreiner werden wollte, braucht ein bisschen Spielfläche und Raum für Experimente, die in neue Kompositionen einfließen. Entgegen dem Trend fühlt sich Dautermann als Bewahrer von aussterbenden Rebsorten, wie zum Beispiel der Domina, einer farbintensiven Kreuzung von Spätburgunder und

Portugieser, die im Dornfelder-Boom untergegangen ist und trockene, aber samtige Qualitätsweine hervorbringt. Wenn es um seinen Weinstil geht, lässt er sich nicht hineinreden.

Auf den fruchtbaren Böden fühlen sich hauptsächlich Burgunder-Rebsorten sowie Riesling- und Silvaner-Reben zu Hause. Dautermanns betreiben selektive Handlese und legen großen Wert auf schonenden Ausbau im Keller. Die Rotweine reifen nach der Maischegärung in großen alten Fässern und auch im Barrique. In Zukunft sollen der Anteil des Spätburgunders und auch des Rieslings deutlich erhöht werden.

Verstärkung haben Karin und Kurt Dautermann jetzt durch Sohn Kristian, der seine Ausbildung als staatlich geprüfter Techniker für Weinbau, Kellerwirtschaft und Önologie an der Weinbautechnikerschule in Weinsberg nahe Heilbronn abgeschlossen hat. In seiner mit der Note „Eins“ bewerteten Abschlussarbeit hat der junge Winzer klugerweise die Entwicklungsmöglichkeiten des elterlichen Weingutes zum Thema gemacht. Seit 2002 bieten Dautermanns auch die Möglichkeit zur Übernachtung an, was einen zusätzlichen Wirtschaftsfaktor für den Betrieb bedeutet. Kristian ist mit ganzem Herzen bei der Sache – beim Wein und vor allem beim Kunden. Das hat er nicht nur in seinen Seminaren, sondern direkt von seinen gastfreundlichen Eltern gelernt, mit denen sich gut scherzen lässt. Ehrgeizig ist der Junge, denn er will das Weingut weiter voranbringen und fit machen für eine Mitgliedschaft im Verband der Prädikatsweingüter (VDP).

Bevor Kristian voll in das elterliche Weingut einsteigt, wird er sich im Weingut Mark Redray in Neuseeland, das ebenfalls auf Rotwein spezialisiert ist, noch einmal den Wind um die Nase wehen lassen und Informationen sammeln für gute Vorlagen. Es handelt sich um ein kleines, aber feines Weingut mit einem großen Namen – die Grundlagen dafür sind auch in Ingelheim bereits gelegt.

Landgasthof „Engel"

Familie Immerheiser
Markt 8
55270 Schwabenheim

Telefon: 0 61 30/92 93 94
Internet: www.immerheiser-wein.de

Öffnungszeiten: Landgasthof:
täglich 12.00 – 14.00 Uhr und 17.00 – 23.00 Uhr
Zum alten Weinkeller: täglich ab 18.00 Uhr,
Sonn- und Feiertage 12.00 – 14.00 Uhr

Kreditkarten: Eurocard, EC-Karte

Ambiente: Heller, freundlicher Landhausstil

Essen und Trinken: Landesküche, große Auswahl von regionalen und internationalen Weinen

Komfort: Familienfreundlich

Parken: Großer Parkplatz gegenüber dem Landgasthof

Anfahrt: A 60 Richtung Ingelheim und dann weiter nach Schwabenheim

Besonderheit: Gemütlicher Innenhof und Sommerterrasse
Vinothek
11 Gästezimmer, davon drei romantische Stübchen in der Casa Rustica, Schulstr. 5
Hotelbuchungen sowie Weinbestellungen können online gemacht werden

Champagner und Blutwurst

„Das Haus steht in Gottes Hand, zum Engel sei es genannt" steht in alten Lettern über der schönen Barocktür des Landgasthofs Engel. Das denkmalgeschützte Haus aus dem Jahre 1567 war einmal ein Pfarrhaus und gehörte zu den wenigen Gebäuden, die 1789 bei der Besetzung durch die Franzosen nicht abbrannten. In den gemütlichen Nischen der hellen Bauernstube sitzt man an blanken Holztischen, umgeben von einer Sammlung diverser antiker Standuhren. Eine heitere und entspannte Atmosphäre vermittelt auch das Serviceteam. An Kinder wird in besonderer Weise gedacht: Mit der Speisekarte kommt automatisch ein Set mit Malblock und Malstiften.

Die Speisekarte enthält viele leckere kleine Gerichte wie Flammkuchen, Feldsalat mit Putenleber oder so Deftiges wie kross gebratene Blutwurst mit Apfelringen. Für den größeren Hunger finden Sie Herzhaftes, vom Pfälzer Sauermagen mit Sauerkraut und Engelbrot über das Zanderfilet mit Riesling-Sekt-Sauce bis hin zu Wildhasenrückenfilet in Wacholdersauce mit Blaukraut und hausgemachten Semmelknödeln. Dazu gibt es eine große Auswahl an regionalen und internationalen Weinen. Die dem Haus angegliederte Vinothek birgt 400 Weine. Im Sommer können Sie in dem geschützten und ruhigen gepflasterten Innenhof Essen und Trinken genießen. Neben der urigen Variante des Landgasthofs gibt es für den Gaumenkitzel noch das Weinrestaurant „Zum alten Weinkeller", mit dem Familie Immerheiser 1989 in die Gastronomie einstieg. Das neue Küchenkonzept

„Vinum“ entspricht dem Bedürfnis vieler Gäste nach kleinen, aber feinen Portionen zu einem Einheitspreis. Gerichte, wie das Lammkotelett mit Senfkruste und Kartoffel-Minz-Gratin lassen noch Platz für ein weiteres, wie zum Beispiel das Steinbeißerfilet mit Tomaten-Oliven-Butter und weißem Bohnenpüree.

Immerheiser liebt Experimente und Gelegenheiten, seine Gäste mit neuen und ungewohnten Geschmacksrichtungen zu überraschen. „Blutwurst und Champagner“ lautet das Motto für ein 5-Gänge-Menü, das gewohnte Geschmacksnormen über den Haufen wirft: Hier darf der Fisch in Rotweinsauce schwimmen und feinster Champagner wird zur Blutwurst serviert.

Georg-Ludwig Immerheiser

Immerheiser, gelernter Betriebswirt, hat sehr bald das Weingut der Eltern an seinen Junior übergeben. Sohn Dennis, der 22-jährige Winzermeister, führt das Weingut weitestgehend allein. Bewährt hat sich Dennis Immerheiser bereits in der Gruppe „Rheinhessen Five“. Die fünf Jungwinzer haben aus den besten elterlichen Reblagen eine Cuvée kreiert. Der ältere Sohn hat Koch gelernt und studiert Hotelbetriebswirtschaft – freiwillig, wie Immerheiser lächelnd betont. Denn inzwischen gibt es elf sehr komfortable und ländlich-gemütliche Hotelzimmer, die eine Oase der Ruhe sind.

Senior Immerheiser und seine Frau führen die Restaurants und den Hotelbetrieb. Und in der Küche helfen sogar noch die beiden 80-jährigen Großmütter mit. Ein gastronomisches Gesamtkonzept, das aufgeht, weil es auch innerhalb der Familie genügend Raum für individuelle Verantwortung und Gestaltung lässt.

Immerheiser veranstaltet viele kulinarische und kulturelle Events, bei denen er Weine aus anderen Weinregionen vorstellt und sie dann gelegentlich auch in Vergleich zu rheinhessischen Weinen setzt. Der Hausherr tritt da weniger missionarisch auf, was die eigenen Weine angeht, aber auch er scheut den Vergleich nicht. Es kann passieren, dass er dem Bordeauxtrinker zum Schluss ein Gläschen Spätburgunder aus Rheinhessen spendiert – nur mal zum Probieren. Es soll schon so einige Überläufer gegeben haben.

Gutsausschank und Weingut „Hildegardishof"

Familie Grünewald
Ockenheimer Chaussee 12
55411 Bingen-Büdesheim

Telefon: 06721/45672 und 47403
E-Mail: weingut-hildegardishof@t-online.de
Internet: www.weingut-hildegardishof.de

Öffnungszeiten: Täglich ab 17.00 Uhr, Sonn- und Feiertage 11.30 – 14.00 Uhr, Mittwoch Ruhetag

Kreditkarten: Eurocard, EC-Karte

Ambiente: Im Stil einer Straußwirtschaft

Essen und Trinken: Herzhafte regionale Gerichte

Komfort: Familienfreundlich, Hunde erlaubt, für Rollstuhlfahrer geeignet

Parken: Im Hof möglich

Anfahrt: A 60, Abfahrt Bad Kreuznach auf die B 9, Ausfahrt Bingen-Büdesheim, Richtung Sportzentrum

Besonderheit: Holzfasskeller mit geschnitzten Fassböden
Weinproben mit Geschichten rund um den Wein
Räumlichkeiten für kleine und große Veranstaltungen mit bis zu 300 Personen
Schöner Innenhof mit Palmen, Blumen und anderen Gewächsen
Antiquitäten, wie z. B. die 400 Jahre alte Kelter im Hof

Hier ist jeder willkommen

Du kochst mit unserem Wein und vergisst mir bitte nie die rheinhessische Küche", erinnert Vater Grünewald seinen Sohn Michael in der Küche. Und zu seinen Töchtern sagt er: „Macht die Preise so, dass auch der Mann mit dem kleinen Portemonnaie essen kann, werdet aber auch demjenigen gerecht, der sich mehr leisten kann." Eindringliche Worte bei der Übergabe des Betriebes an seine drei Kinder: Sohn Michael, der als Koch und Konditor viele Stationen im Ausland, in Kanada und in der Schweiz, absolviert hat, Tochter Christiane Weindorf, geb. Grünewald, die das Büro managt, und Tochter Cornelia, die Weinbautechnikerin, die mit ihrem Mann Sascha zusammen Weingut und Restauration betreibt.

Schließlich hat Heinrich Grünewald selbst einmal klein angefangen, als er im Alter von 17 Jahren nur mit Koffer und Pferd ausgerüstet um die blonde Hildegard freite. Die anfängliche Romanze wurde zu einer Erfolgsstory. Als Heinrich Anfang der 60er Jahre auf den Hof kam, wurde dort neben Weinbau auch Obstbau, Landwirtschaft und Schweinemast mit Hausschlachtung betrieben. Eine Familie mit drei Töchtern – ein Mann musste ran. 1964 eröffnete Heinrich Grünewald mit seiner Frau Hildegard die Straußwirtschaft, der er ihr zu Ehren den Namen „Hildegardishof" gab.

1969 kam der Gutsausschank dazu. Und da die Grünewalds als gute Katholiken mehr den Namenstag als den Geburtstag feierten, pilgerten sie an Hildegardis immer zum Kloster Eibingen, das von der bekannten

Äbtissin Hildegard von Bingen gegründet wurde. 1978 erwarben Grünewalds die Einzellage „Bingerbrücker Hildegardisbrünnchen“ zu Füßen des Binger Mäuseturms und gegenüber der Burg Ehrenfels, die früher zum Kloster Rupertsberg der Heiligen Hildegard von Bingen gehörte.

2000 wurde der Hildegardishof im neuen Gewand eröffnet, mit drei Gasträumen und einem Weinprobierkeller. Das „Weinkabinett“ sowie der „Pferdestall“ sind

Familie Gründewald, Hildegardishof

für viele Feierlichkeiten geeignet. Die ehemalige „Schnitzelranch“, wie sie früher genannt wurde, hat sich gemausert. Noch immer sind die Portionen großzügig, aber nun Sie können wählen zwischen Hirsch, Rumpsteak, Pute und Schwein, Crêpe à la Hildegard, Strammem Max, Rheinischem Heringssalat und Rigatoni à la Luigi mit Schinken und Zwiebeln.

Der Hildegardishof ist eigentlich so etwas wie ein Museum der Zeitgeschichte. Im ganzen Haus finden Sie Fotos von Persönlichkeiten, die – wie Kardinal Lehmann oder Frankfurts Oberbürgermeisterin Petra Roth – hier einmal Gast waren. Überall sehen Sie „antike" Einzelstücke wie gusseiserne Öfen, Pferdesättel aus früheren Zeiten oder Puppen, eingekleidet von Mutter Grünewald, die eine gelernte Schneiderin ist. Im Weinkeller können Sie die 33 Kunstfässer besichtigen, die Vater Grünewald nach zeitgeschichtlichen Vorlagen, zum Beispiel des Mauerfalls oder bekannter Persönlichkeiten, etwa der deutschen Kanzler, anfertigen ließ.

Grünewald ist in Bingen eine bekannte Größe. Seit vielen Jahren ist er in Ehrenämtern aktiv, etwa im Präsidium des Weinbauverbandes Rheinhessen. Bequem war er nicht immer, hat oft klare Worte gesprochen. Er hat nie an Weinwettbewerben teilgenommen, lehnte die Jagd nach den Medaillen ab, weil seiner Meinung nach das Naturprodukt Wein dadurch eher zum Kunstobjekt gemacht wird.

Rochuskapelle in Bingen

Seine große Leidenschaft jedoch gilt dem Karneval. Seit 50 Jahren ist er Vorsitzender des DJK-Karneval, hat viele Jahre in der Bütt gestanden und ist ein begnadeter Redner und Textemacher. In seine Fußstapfen trat die jüngste Tochter, Cornelia, die 1987–1989 die Binger Weinpräsidentin „Prinzess Schwätzerchen" war und ein Jahr später Rheinhessen-Weinkönigin wurde. Sie wird zusammen mit ihrem Mann das Weingut vorantreiben, aber auch gemeinsam mit ihren Geschwistern Michael und Christiane diese offene Herzlichkeit praktizieren, die jedem Gast das Gefühl gibt, willkommen zu sein.

Wandertour Rochuskapelle

Entfernung: 8 km

Rund-Wanderweg: Bingen-Büdesheim – Rochuskapelle – Bingen-Büdesheim

Sie starten in Bingen-Büdesheim, laufen die Osterbergstraße hinauf in die Weinberge und folgen dem ausgeschilderten Weinlehrpfad. Nach der Wendelinuskapelle geht es den Weg rechts bergauf zur Rochuskapelle/Hildegardis-Forum, wo Sie eine wundervolle Aussicht genießen können.
Den Rückweg treten Sie über das Kempter Eck an, bergab nach Bingen-Büdesheim.

Einkehrmöglichkeiten: Gutsschenke und Weingut „Hildgardishof" in Büdesheim, Weinschenke „Zur Sonne" in der Bader Straße in Bingen.

Sehenswert: Bingen-Büdesheim: Besuch des Weingutes „Riffel"

Bingen: Binger Mäuseturm, Burg Klopp, Historisches Museum am Strom, Hildegardmuseum. Traditionelles „Rochusfest". Thematische Stadtführungen, literarische Streifzüge auf den Spuren von Victor Hugo, Stefan George und Goethe. Urige Schenke „Zur Sonne". Auf dem Rochusberg das „Hildegard-Forum" mit Gaststube. Das Hildegard-Forum ist ein Informations- und Erlebnisangebot, das Einblick in das Leben und die Lehren der Hildegard von Bingen ermöglicht. Zudem können Sie sich über gesunde Ernährung und über die Heilkräfte der bei Hildegard beschriebenen Kräuter informieren. Integraler Bestandteil des Forums ist der authentisch mittelalterliche Kräutergarten.

Hildegard-Forum der Kreuzschwestern
Rochusberg 1
55411 Bingen
Tel: 06721/18100-0
Fax: 06721/18100-1
Internet: www.hildegard-forum.de
Gaststube geöffnet: Di. – So. 11.00 – 18.00 Uhr,
Montag Ruhetag

Literarische Stadtführungen in Bingen:
Luise Botler, Tel: 06721/47647

Weinlese

WIESBADEN
Hausen vor der Höhe
495
260
262
Rheingaugebirge
Walluf
FRAUENSTEIN
Kloster Tiefenthal
Rauenthal
WI-Frauenstein
Schierst. Kreuz
21
Kloster Eberbach
Scharfenstein
Martinsthal
3
22
Am Rebhang
580
Eichberg
Kiedrich
268
2
23
ELTVILLE (am Rhein)
SCHIERSTEIN
Walluf
Schloss Vollrads
Hallgarten
Erbach (Rheingau)
167
MZ-
24
Mombach
Hattenheim
Budenheim
MZ-Gonsenhm
MOMBACH
OESTRICH-WINKEL
81
Heidenfahrt
Uhlerborn
124
25
GONSENHEIM
82
17
18
26
MAINZ
16
207
Heidesheim
Dreieck Mainz
Ingelheim-W.
INGELHEIM-NORD
Ingelheim-Ost
Heidesheim (am Rhein)
FINTHEN
19
MZ-Finthen
15
Burgkirche
Wackernheim
DRAIS
Sporkenheim
INGELHEIM
Obstrouten-Radtour
ZDF
20
Schl. Ardeck
Kaiserpfalz
MZ-Lerchenberg
LERCHENBERG
Klein-Winternhm.
GAU-ALGESHEIM
INGELHEIM-SÜD
3
248
Obstrouten-Radtour
Großwinternheim
258
Ober-Olm
Essenheim
Kl.-Winternhm.
Schwabenheim (an der Selz)
Appenheim
Niederolm
Nieder-Hilbersheim
Bubenheim
Elsheim
110
4
Selz
Nieder-Olm
Engelstadt
245
Ober-Hilbersheim
Stadecken-Jugenheim
203
5
Saulheim
Zornhm.
(in Rheinhessen)
Am Goldberg
Wolfsheim
Partenheim
Saulheim
Sörgenloch
Udenheim
250
St.Johann
Vendersheim
173
Hahnheim
270
Schornsheim
Gau-Weinheim
Sulzheim
252
420
420
6
Wörrstadt
Wörrstadt
Wallertheim
Gabsheim
Undenheim
Gau-Bickelheim
Spiesheim
202
Schimsheim
Rommersheim
Armsheim
271
Selz
134
Ensheim
Bechtolsheim

Obstrouten-Radtour

Entfernung: 44 km

Rund-Radwanderweg: Sörgenloch – Ingelheim – Sörgenloch

Diese Route führt durch den reichhaltigen und bunten Obstgarten von Rheinhessen. Im Frühjahr können Sie sich an der Blütenpracht erfreuen, vom Frühsommer bis Herbst an der großen Vielfalt leckerer Früchte, die Sie direkt vom Erzeuger kaufen können. Der Radwanderweg ist leicht hügelig, aber die Aufstiege ermöglichen Ihnen wunderbare Ausblicke auf Weinberge und Obstfelder. Und – wo es bergauf geht, geht's auch wieder bergab!

Sie starten von Schloss Sörgenloch (wo Sie einkehren und übernachten können) Richtung Ingelheim und fahren über Nieder-Olm, Stadecken-Elsheim, Schwabenheim und Ingelheim Süd bis Ingelheim Nord. Die Rückfahrt erfolgt dann über Heidenfahrt, Heidesheim, Wackernheim, Ober-Olm und Nieder-Olm nach Sörgenloch.

Sehenswert: Ingelheim ist bekannt als Rotweinstadt und für den Obstanbau: Hier ist der größte Umschlagplatz für Kirschen in Europa. In der Spargelzeit sollten Sie hier den leckeren heimischen Spargel genießen.

Nieder-Olm: Schmiedemuseum, Geburtshaus des Dichters Wilhelm Holzamer, die katholische Pfarrkirche St. Georg mit romanischem Turm.

Ober-Olm: Das heutige Forsthaus war einmal ein Jagdschloss, das der Mainzer Erzbischof und Kurfürst Emmerich Joseph von Breitenbach erbauen ließ und 1793 dem Frankfurter Dichter Johann Wolfgang von Goethe auf einer seiner Reisen Unterkunft bot.

Abstecher: Einkehr im Landgasthof „Engel" in Schwabenheim (Entfernung Sörgenloch–Schwabenheim etwa 13 km). Besuch des Weinguts Dautermann in Ingelheim-Süd.

Wein-Events in Rheinhessen

Dieser Veranstaltungskalender enthält eine Auswahl von Wein-Events in Rheinhessen, die sich auf ein bestimmtes Thema konzentrieren und die von Winzergemeinschaften ausgerichtet werden. Die angegebenen Termine beziehen sich auf das Jahr 2005, die Termine für die Folgejahre können Sie unter der jeweils aufgeführten Kontaktadresse erfragen. Weitere Informationen erhalten Sie beim:

Rheinhessenwein e.V.
Otto-Lilienthal-Straße 4
55232 Alzey
Tel: 06731/951074-0
Fax: 06731/95 10 74-99
E-Mail: info@rheinhessenwein.de
Internet: www.rheinhessenwein.de

Februar

Weinfrauennacht

Ort: Flörsheim-Dalsheim, Mittelalterlicher Wohnturm im Plenzer
Termin: 25.–26. Februar 2005
Öffnungszeiten: ab 19.00 Uhr

Nach der erfolgreichen Premiere 2004 gehen die Flörsheim-Dalsheimer Winzerinnen in die zweite Runde. Bei dieser Veranstaltung von Frauen für Frauen dreht sich alles um die Themen Weinprobe, Essen, Genuss, Kultur, Musik und Kunst. Der Eintrittspreis beträgt € 22,00.

Kontakt: Ulrike Engel, Tel: 06243/6574
E-Mail: webmaster@der-wein-engel.de
Birgit Müller, Tel: 06243/7412

Hechtsheimer Weinprobiertage

Ort: Mainz-Hechtsheim, Bürgerhaus
Termin: 25.–27. Februar 2005
Öffnungszeiten: Freitag 19.00–22.00 Uhr,
Samstag 14.00–20.00 Uhr, Sonntag 14.00–20.00 Uhr

Leistungsschau der Hechtsheimer Winzer mit Verkostung der ersten Weine aus dem neuen Jahrgang. Dazu stellen Hechtsheimer Hobbykünstler ihre Werke aus. Der Eintritt kostet € 5,00.

Kontakt: Hubert Stenner, Tel.: 0 61 31/5 98 63 oder 59 21 29,
E-Mail: hubert.stenner@t-online.de

März

3. Zellertaler Weinkost

Ort: Marnheim, Mehrzweckhalle
Termin: 12. März 2005
Öffnungszeiten: ab 19.00 Uhr

Die Veranstaltung steht unter dem Motto „Kräuter und Wein". Verkostet werden 20 Weine des Zellertales aus den Anbaugebieten Rheinhessen und Pfalz. Dazu werden kulinarische Leckerbissen gereicht. Karten gibt es zum Preis von € 26,00. Mehr unter www.zellertal-aktiv.de

Kontakt und Reservierungen: Dieter Heinz,
Tel: 0 62 43/74 38, E-Mail: weinbau-heinz@t-online.de

Weinsalon

Ort: Saulheim, Sängerhalle
Termin: 18.–20. März 2005
Öffnungszeiten: Freitag 16.00–21.00 Uhr,
Samstag 14.00–22.00 Uhr, Sonntag 11.00–19.00 Uhr

Der Verkehrsverein „Herzliches Rheinhessen" und die Winzer der Verbandsgemeinde Wörrstadt laden ein zur großen Verkostung der Weine aus dem Herzen Rheinhessens. Der Eintritt beträgt € 5,00. Mehr unter www.vgwoerrstadt.de

Kontakt: Wolfgang Janson, Tel: 0 67 32/87 71,
E-Mail: weingutjanson@aol.com

April

Festival der jungen Weine

Ort: Bechtheim, Sport- und Kulturhalle

Termin: 3. April 2005

Öffnungszeiten: 13.00 – 19.00 Uhr

Die jungen Winzerinnen und Winzer des erfolgreichen Weinortes präsentieren zum dritten Mal die Vielfalt ihres Könnens. Im Mittelpunkt stehen die Weine aus dem neuen Jahrgang. Karten gibt es zum Preis von € 12,00. Mehr unter www.bechtheim.de

Kontakt: Janine Brüssel, Tel: 0 62 42/70 48

Best of Mainzer Wein

Ort: Mainz, Rathaus

Termin: 9. – 10. April 2005

Öffnungszeiten: jeweils 14.00 – 18.00 Uhr

Mainzer Winzer präsentieren ihre Weißweine aus dem Jahrgang 2004 nach der Devise „Weine verkosten und direkt vor Ort seinen Lieblingswein mitnehmen". Der Eintrittspreis zu dieser Weinprobe beträgt € 5,00, die beim Kauf von Weinen im Wert von über € 50,00 verrechnet werden.

Kontakt: Hans-Willi Fleischer, Tel: 0 61 31/5 97 97,
E-Mail: hansw.fleischer@gmx.de

Kulinarischer Silvanerfrühling in der Brasserie

Ort: Mainz, Hilton

Termin: 14. April 2005

Öffnungszeiten: 20.00 Uhr

Mit dem Frühling kommen die Weine des neuen Jahrgangs aus den Kellern der Winzerinnen und Winzer. In Rheinhessen haben die Weinbauern in den letzten Jahren ihre Traditionssorte, den Silvaner, als hervorragenden Begleiter zu den feinen Frühlingsgenüssen, zu Spargel, Fisch und Geflügel, wieder entdeckt. Lassen Sie sich einladen zu einem großen Silvaner-Menü. Fünf Gänge aus der Küche von Dirk Maus werden begleitet von zehn hervoragenden Silvanerweinen aus den Kellern der besten Silvaner-Winzer Rheinhessens, die sich im Wettbewerb um die Silvaner-Trophy auf den vorderen Rängen platziert haben. Die Weine werden präsentiert und kommentiert von Sommelierweltmeister Markus Del Monego. Die Karten zu diesem „Silvanermenü" inklusive 10 Top-Silvanerweinen gibt es für € 65,00 pro Person.

Kontakt: Rheinhessenwein e.V., Tel: 06731/951074-0,
E-Mail: info@rheinhessenwein.de

WeinSommer

Ort: Schwabenheim, Kultur- und Sporthalle
Termin: 23.–24. April 2005
Öffnungszeiten: Samstag 18.00–22.00 Uhr,
Sonntag 12.00–20.00 Uhr

Weingenuss und Weinlust pur verspricht der Weinsommer, eine etwas andere Weinprobe im schönen Selztal. In der frühsommerlich gestalteten Kultur- und Sporthalle präsentieren Schwabenheimer Weingüter Wein, Sekt und Kulinarisches. Der Eintrittspreis beträgt € 8,00.

Kontakt: Bauern- u. Winzerverein, Harald Schmitt,
Tel: 06130/558

Rheinhessenfestival

Orte: Mainz, Nierstein, Sörgenloch, Gau-Odernheim
Termin: 28. April–8. Mai 2005

Nach dem gelungenen Start im Jahr 2004 geht es unter dem Motto „Rheinhessen. Skandalös gut!" weiter. Das Gastland ist Frankreich. An verschiedenen Veranstaltungsorten bieten rheinhessische Spitzenwinzer und Köche abwechslungsreiche Verkostungen, wie z. B. Champagner und Winzersekt oder Bordeaux trifft Rheinhessen, Galamenüs und Partys. Ein Highlight wird die „Kulinarische Schifffahrt" sein. Die große Jahrgangspräsentation Rheinhessen ebenso wie der Wettbewerb um die Silvaner-Trophy haben ihren festen Platz in dieser Veranstaltung gefunden.

Kontakt: Das Weinkontor e.K., Gau-Odernheim,
Tel: 06733/948601, Fax: 06733/948602,
E-Mail: info@rheinhessenfestival.de,
Internet: www.rheinhessenfestival.de

Mai

Wein in den Mai/Message in a bottle

Ort: Mainz-Mombach, Alte Lokhalle

Termin: 30. April 2005

Öffnungszeiten: ab 19.00 Uhr

Die Gruppe „Message in a bottle" fordert mit ihren Spitzweinen und feinen regionalen Speisen wieder zum Tanz in den Mai auf. Der Eintritt beträgt € 30,00 (inkl. Top Wine Tasting und Partyweine).

Kontakt und Reservierung: Alexander Gysler,
Tel: 0 67 31/4 12 66, E-Mail: info@weingut-gysler.de

Flörsheim-Dalsheimer Weintage

Ort: Flörsheim-Dalsheim, Bürgerhaus

Termin: 7.–8. Mai 2005

Öffnungszeiten: Samstag 14.00–19.00 Uhr,
Sonntag 11.00–18.00 Uhr

Der hoch prämierte Weinort im Wonnegau lädt zur großen Verkostung des neuen Jahrgangs ein. Die Weine an den langen Probiertischen sind nach Sorten gruppiert und können zwanglos probiert werden. Der Eintritt beträgt € 10,00.

Kontakt: Weingut Schales, Tel: 0 62 43/70 45,
E-Mail: weingut.schales@t-online.de
Weingut Engel, Tel: 0 62 43/65 74

Appenheimer Wein- und Sekterlebnis

Ort: Appenheim

Termin: 13.–16. Mai 2005

„Apprizzi", so nennt man in Appenheim die moderne Art, prickelnden Wein zu genießen. Unter diesem Namen haben sich zehn Appenheimer Winzer zusammengeschlossen und präsentieren an diesen drei Tagen in den Weingütern und auf dem Kirchplatz das Beste aus Keller und Küche. Mehr unter www.apprizzi.de

Kontakt: Vereinigung Appenheimer Winzer GdbR,
E-Mail: hartmut.runkel@t-online.de

Präsentation der Winzergemeinschaft St. Urban

Ort: Gau-Heppenheim, Katholische Kirche

Termin: 15. Mai 2005

Öffnungszeiten: ab 12.00 Uhr

Eine Weinprobe in besonderem Ambiente präsentieren die Winzer der Winzergemeinschaft St. Urban zum zweiten Mal in der katholischen Kirche St. Urban. Im Mittelpunkt stehen die Gemeinschaftsweine „Camillo"-Rot- und Weißwein sowie „Peppone"-Perlwein, umrahmt von den Weinen der Weingüter (ca. 70 Weine).

Kontakt: Rainer Becker,
E-Mail: weingut-rainerbecker@t-online.de

Mainzer Sektfest

Ort: Mainz, Höfchen vor dem Dom

Termin: 19.–21. Mai 2005

Öffnungszeiten: Donnerstag 11.00–24.00 Uhr,
Freitag 11.00–24.00 Uhr, Samstag 11.00–23.00 Uhr

Beim Sektfest am Höfchen in Mainz präsentieren Winzer aus Rheinhessen Winzersekte, allesamt hergestellt nach der klassischen Methode. Dazu gibt es kulinarische Leckerbissen von Mollers und dem Proviantamt-Magazin und ein sektlauniges Programm.
Mehr unter www.rheinhessenwein.de

Kontakt: Rheinhessenwein e.V., Tel.: 06731/951074-0,
E-Mail: info@rheinhessenwein.de

Toscanazauber in Rheinhessen

Ort: voraussichtlich Badenheim

Termin: 27.–29. Mai 2005

Nach der erfolgreichen Premiere im Jahr 2002 verwöhnen die Winzer der Rheinhessischen Toscana wieder mit exzellenten Weinen von Burgunder bis Classic und einer kulinarischen Traumreise mit rheinhessischen Spezialitäten.

Kontakt: Rheinhessische Toscana e.V., Tel: 06701/911476,
E-Mail: info@rheinhessischetoscana.de

Juni

Weinpräsentation am Roten Hang

Ort: Nierstein, Roter Hang

Termin: 11.–12. Juni 2005

Öffnungszeiten: 11.00 Uhr bis Sonnenuntergang

Die Top-Weine aus den Top-Lagen am Rhein können dort probiert werden, wo sie wachsen: direkt in den Niersteiner Weinbergen. Bei dieser reizvollen Weinverkostung sind die Weine der jeweiligen Lage in einzelnen Ständen zusammengefasst.

Kontakt: Wein vom Roten Hang e.V.,
E-Mail: umichalsky@t-online.de

Wine on the Rock

Ort: Worms-Herrnsheim, Schloss Herrnsheim

Termin: 18. Juni 2005

Öffnungszeiten: 16.00–2.00 Uhr

Die besten 100 Weine rheinhessischer Jungwinzer, stilvoll präsentiert mit kulinarischen Genüssen in Park und Remise von Schloss Herrnsheim in Worms. Neu: attraktive Workshops rund um Wein und Gaumenfreude.

Kontakt: Rheinhessische Landjugend,
An der Brunnenstube 33–35, 55120 Mainz,
Tel: 06131/620560, Fax: 06131/620550,
E-Mail: info@landjugend-rheinhessen.de

Parade 2005

Ort: Mainz, Kurfürstliches Schloss

Termin: 19. Juni 2005

Öffnungszeiten: 11.00–18.00 Uhr

Die Spitzenweingüter des VDP Rheinhessen stellen die Weine des aktuellen Jahrgangs vor. Mehr als 200 Weine stehen zur Verkostung bereit. Zu Gast sind die Winzer aus den Anbaugebieten Ahr und Nahe. Karten gibt es zum Preis von € 20,00.

Kontakt und Reservierung: VDP Rheinhessen,
Barbara Goepel, Tel: 06135/71233,
E-Mail: barbara.goepel@vkn-nackenheim.com

Juli

Sommerfestival der Flonheimer Weine

Ort: Flonheim, Haus Hinkel am Marktplatz
Termin: 2.–3. Juli 2005
Öffnungszeiten: Samstag 18.00–22.00 Uhr,
Sonntag 16.00–21.00 Uhr

Weingüter aus Flonheim präsentieren ihre Weine und Sekte. Der Küchenchef des „Goldenen Engel" serviert dazu kulinarische Leckerbissen.

Kontakt: Bauernverein Flonheim,
E-Mail: strubel-roos@t-online.de

Stadecken-Elsheimer Sektvergnügen

Ort: Stadecken-Elsheim, Stadecker Warte
Termin: 2.–3. Juli 2005
Öffnungszeiten: Samstag ab 17.00 Uhr,
Sonntag ab 14.00 Uhr

Der Winzersekt-Klassiker vor den Toren von Mainz. Auf der Stadecker Warte, hoch über dem Selztal, präsentieren die Winzer der Doppelgemeinde ein Sektvergnügen pur mit einem großen Rebsorten- und Geschmacksspektrum. Dazu gibt's ländliche Küche und ein kurzweiliges Programm. Mehr unter www.wein-sektvergnuegen.de

Kontakt: Wein- & Sektvergnügen GbR,
E-Mail: info@wein-sektvergnügen.de

Wein am Rhein

Ort: Nierstein, Rheinufer
Termin: 2.–3. Juli 2005
Öffnungszeiten: Samstag ab 16.00 Uhr,
Sonntag ab 11.00 Uhr

Weingüter und Gastronomie präsentieren Wein und Kulinarisches am malerischen Rheinufer. Mehr unter www.nierstein.de

Kontakt: Verkehrsverein Nierstein e.V.,
Tel: 0 61 33/96 05 06, E-Mail: info@nierstein.de

Rendezvous am Kapellsche

Ort: Hackenheim, auf dem Kirchberg

Termin: 15.–17. Juli 2005

Öffnungszeiten: Freitag ab 18.00 Uhr, Samstag ab 18.00 Uhr, Sonntag ab 17.00 Uhr

„Kapellsche" – so nennen die Hackenheimer ihre Michaeliskapelle auf dem Kirchberg, die zur Erinnerung an die ehemalige katholische Kirche und den Friedhof dort gebaut wurde. Umrahmt von Weingütern und heimischer Gastronomie wird dieses „Kapellsche" wieder den Mittelpunkt des Rendezvous bilden, das die typisch rheinhessische Lebensart widerspiegeln wird. Mehr unter www.rendezvous-am-kapellsche.de

Kontakt: Freunde des Kirchbergs, E-Mail: info@rendezvous-am-kapellsche.de

Weinintermezzo

Ort: Eckelsheim, Beller Kirche

Termin: 23. Juli 2005

Öffnungszeiten: ab 20.00 Uhr

In der Ruine der Beller Kirche findet diese populäre Weinverkostung statt, die jedes Jahr viele Besucher in die rheinhessische Schweiz lockt. Tipp für romantische Gemüter: Interessant wird es, wenn mit beginnender Dämmerung das Kirchengemäuer in ein flackerndes Fackellicht eingetaucht wird. Der Eintritt kostet € 12,50. Mehr unter www.eckelsheim.de

Kontakt: Winzerzunft Eckelsheim, E-Mail: weingut-mann@t-online.de

August

Harxheim tischt auf

Ort: Harxheim, Obergasse

Termin: 13. August 2005 um 18.00 Uhr

Eine neue Veranstaltung hat Premiere: Der Heimat- und Verkehrsverein Harxheim veranstaltet für 150 Gäste „open air" in der Obergasse unter Beteiligung aller Harxheimer Winzer und Gastronomiebetriebe eine kulinarische Weinprobe. Geboten wird ein 6-Gänge-Menü mit 10 Wein- und 2 Sektproben.

Die Karten gibt es nur im Vorverkauf bei Blumenfachgeschäft Lenz-Petri, Tel: 0 61 38/67 04,
Volksbank Rhein-Selz, Tel: 0 61 38/72 69
und in den Weingütern Hammen, Tel: 0 61 38/67 74,
Reßler, Tel: 0 61 38/71 55, Schickert-Wolf, Tel: 0 61 38/68 73
und im Andreashof, Tel: 0 61 38/98 05 44.

Kontakt: Frank Brunswig, Tel: 0 61 38/90 27 42

Tage der offenen Weinkeller

Ort: Siefersheim, verschiedene Winzerhöfe
Termin: 27.–28. August 2005
Öffnungszeiten: Samstag ab 15.00 Uhr,
Sonntag ab 11.00 Uhr

Die Siefersheimer Winzer öffnen ihre Höfe und laden ein zur Weinverkostung. Dazu gibt es kulinarische Genüsse, die unterschiedlichsten Musikdarbietungen, Künstler und Kunsthandwerker präsentieren ihre Werke und auch den Kleinsten wird es beim Kinderprogramm am Sonntag garantiert nicht langweilig. Mehr unter www.siefersheim.de

Kontakt: Zweckverband Erholungsgebiet Rheinhessische Schweiz, Tel: 0 67 03/30 20

3. Essenheimer Weinforum

Ort: Essenheim, Kunstforum
Termin: 28. August 2005
Öffnungszeiten: 13.00–20.00 Uhr

Eingebettet in ein künstlerisches Ambiente präsentieren Essenheimer Winzer ihre Weine in den Räumen des Kunstforums.

Kontakt: Axel Braunewell, Tel: 0 61 36/8 89 17,
E-Mail: weingut-braunewell@t-online.de

September

Tage der offenen Winzerhöfe und Weinkeller

Ort: Nierstein, verschiedene Winzerhöfe
Termin: 17.–18. September 2005
Öffnungszeiten: jeweils ab 11.00 Uhr

Wein, Kunst und Kulinarisches bei den Niersteiner Winzern. Mehr unter www.nierstein.de

Kontakt: Verkehrsverein Nierstein e.V.,
Tel: 0 61 33/96 05 06, E-Mail: info@nierstein.de

Oktober

Weinforum Rheinhessen

Ort: Mainz, Museum für Antike Schifffahrt
Termin: 28.–30. Oktober 2005
Öffnungszeiten: Freitag 15.00–21.00 Uhr,
Samstag 14.00–21.00 Uhr, Sonntag 11.00–18.00 Uhr

Das Mekka für die Weinfreunde aus dem ganzen Rhein-Main-Gebiet und weit darüber hinaus. Über 150 Weine und Sekte stehen zur Verkostung bereit. Die Besten aus der Prämierung, Selection Rheinhessen u.v.m. Glasschule von Schott Zwiesel, Ideen aus Wein, Leckereien aus der Küche. Im Vorverkaufsticket enthalten ist die kostenlose Nutzung des ÖPNV von RMV und RNN. Mehr unter www.weinforum-rheinhessen.de

Kontakt: Rheinhessenwein e.V., Tel: 0 67 31/95 10 74-0,
E-Mail: info@rheinhessenwein.de

November

Gau-Bischofsheimer Weinkost

Ort: Gau-Bischofsheim, Bürgerhaus
Termin: 6.–7. November 2005
Öffnungszeiten: Samstag 14.00–22.00 Uhr,
Sonntag 13.00–21.00 Uhr

Traditionsreiche Weinkost der Gau-Bischofsheimer Winzer mit über 100 Weinen, Sekten und Edelbränden.

Kontakt: Hans-Christoph Schultz, Tel: 0 61 35/22 22,
Fax: 0 61 35/47 22

Best of Mainzer Wein

Ort: Mainz, Rathaus

Termin: 12.–13. November 2005

Öffnungszeiten: jeweils 14.00–18.00 Uhr

Mainzer Winzer präsentieren ihre Rotweine aus dem Jahrgang 2004 nach der Devise „Weine verkosten und direkt vor Ort seinen Lieblingswein mitnehmen". Der Eintrittspreis zu dieser Weinprobe beträgt € 5,00, die beim Kauf von Weinen im Wert von über € 50,00 verrechnet werden.

Kontakt: Hans-Willi Fleischer, Tel: 0 61 31/5 97 97,
E-Mail: hansw.fleischer@gmx.de

Weinkost Stadecken-Elsheim

Ort: Stadecken-Elsheim, Selztalhalle

Termin: 19.–20. November 2005

Öffnungszeiten: Samstag 14.00–22.00 Uhr,
Sonntag 11.00–20.00 Uhr

Die Stadecken-Elsheimer Winzer präsentieren zum 20. Mal ihre Weine, Sekte und Brände in einer reichen Auswahl an Sorten und Qualitäten. Mehr unter www.wein-sektvergnuegen.de

Kontakt: Michael Beck, Tel: 0 61 36/24 87,
E-Mail: weingut@hedesheimer-hof.de

Nützliche Adressen

Informationen über Rheinhessen

Rheinhessen-Information GmbH
Wilhelm-Leuschner-Str. 44
55218 Ingelheim
Tel: 0 61 32/44 17 0
Fax: 0 61 32/44 17 44
E-Mail: info@rheinhessen.info.de
Internet: www.rheinhessen.info.de

Rheinhessenwein e.V.
Otto-Lilienthal-Straße 4
55232 Alzey
Tel: 0 67 31/95 10 74-0
Fax: 0 67 31/95 10 74-99
E-Mail: info@rheinhessenwein.de
Internet: www.rheinhessenwein.de

Verkehrsvereine

Tourist- und Festspielbüro der Stadt Oppenheim
Merianstr. 2
55276 Oppenheim
Tel: 0 61 33/49 09 14
Fax: 0 61 33/49 09 29
E-Mail: info@stadt-oppenheim.de
Internet: www.stadt-oppenheim.de

Touristik Centrale Mainz
Brückenturm am Rathaus
55116 Mainz
Tel: 0 61 31/28 62 10
Fax: 0 61 31/28 62 155
E-Mail: tourist@info-mainz.de
Internet: www.info-mainz.de

Touristinformation Ingelheim am Rhein
Neuer Markt 1
55218 Ingelheim am Rhein
Tel: 0 61 32/78 22 16
Fax: 0 61 32/78 21 34
E-Mail: touristinformation@ingelheim.de
Internet: www.ingelheim.de

Touristikberatung Alzey-Worms
Ernst-Ludwig-Str. 36
55232 Alzey
Tel: 0 67 31/40 81 02
Fax: 0 67 31/49 55 55
E-Mail: wfg@kreis-alzey-worms.de

Stadtverwaltung Alzey
Tourist-Information Alzey
Antoniterstr. 41
55232 Alzey
Tel: 0 67 31/49 93 64
Fax: 0 67 31/99 08 85
E-Mail: touristinfo-alzey@t-online.de
Internet: www.alzey.de

Rheinhessische Toscana
Touristik und Gewerbeverein e.V.
Elisabethenstr. 1
55576 Sprendlingen
Tel: 0 67 01/2 01 46
Fax: 0 67 01/2 01 50
E-Mail: info@rheinhessischetoscana.de
Internet: www.rheinhessischetoscana.de

Verbandsgemeinde Heidesheim
Am goldenen Lamm 1
55259 Heidesheim
Tel: 0 61 32/97 61 69

Fax: 0 61 32/97 62 00
E-Mail: g.machens@vg-heidesheim.de
Internet: www.vg-heidesheim.de

Verkehrsamt Nierstein
Bildstockstr. 10
55283 Nierstein
Tel: 0 61 33/96 05 06
Fax: 0 61 33/51 81
E-Mail: info@nierstein.de
Internet: www.nierstein.de

Verkehrsverein „Herzliches Rheinhessen"
Zum Römergrund 2–6
55286 Wörrstadt
Tel: 0 67 32/60 12 00
Fax: 0 67 32/60 15 01
E-Mail: verkehrsverein@vgwoerrstadt.de
Internet: www.vgwoerrstadt.de

Verkehrsverein Bodenheim e.V.
Obergasse 22
55294 Bodenheim
Tel: 0 61 35/63 95
Fax: 0 61 35/63 97
E-Mail: verkehrsverein@bodenheim.de
Internet: www.bodenheim.de

Gemeinde Nackenheim
55299 Nackenheim
Tel: 0 61 35/56 25
Fax: 0 61 35/8 02 57
E-Mail: Ortsgemeinde@Nackenheim.de
Internet: www.nackenheim.de

Stadt Gau-Algesheim
Rathaus
55435 Gau-Algesheim
Tel: 0 67 25/31 51

Fax: 0 67 25/66 16
E-Mail: info@gau-algesheim.de
Internet: www.gau-algesheim.de

Zweckverband Erholungsgebiet
Rheinhessische Schweiz
Bahnhofstr. 10
55597 Wöllstein
Tel: 0 67 03/30 20
Fax: 0 67 03/3 02 14
Internet: www.woellstein.de

Touristik-Information Worms
Neumarkt 14
57547 Worms
Tel: 0 62 41/2 50 45
Fax: 0 62 41/2 63 28
E-Mail: touristinfo@worms.de
Internet: www.worms.de

Ortsgemeinde Westhofen
Ohligstr. 5
65593 Westhofen
Tel: 0 62 44/2 50
Fax: 0 62 44/59 08 51
E-Mail: Westhofen@vg-westhofen.de
Internet: www.gemeinde-westhofen.de

Stadtverwaltung Osthofen
Am Schneller 3
67574 Osthofen
Tel: 0 62 42/50 04 34
Fax: 0 62 42/50 04 29
E-Mail: stadtosthofen@t-online.de
Internet: www.osthofen.de

Verkehrsverein der Verbandsgemeinde Eich
Hauptstr. 26
67575 Eich

Tel: 0 62 46/69 33
Fax: 0 62 46/69 69
E-Mail: verkehrsverein@vg-eich.de
Internet: www.eich-am-rhein.de

Rhein-Nahe-Nahverkehrsverbund GmbH
Bahnhofstr. 2
55218 Ingelheim
Tel: 0 61 32/7 89 60
Fax: 0 61 32/78 96 29
E-Mail: info@rnn.info
Internet: www.rnn-info.de
Fahrplan- und Tarifauskunft: Mo.–Fr. 9.00–18.00 Uhr
und Sa. 9.00–15.00 Uhr)
Service-Tel: 0 18 01/76 67 66 (zum Ortstarif)

Verkehrsverein Selztal e.V.
Oppenheimer Str. 7
55278 Selzen
Tel: 0 67 37/80 96 40
Fax: 0 67 37/98 55
E-Mail: info@verkehrsverein-selztal.de
Internet: www.verkehrsverein-selztal.de

Heimatverein Westhofen
Osthofener Str. 35
67593 Westhofen
Tel: 0 62 44/3 75
E-Mail: achwo@achwo.de
Internet: www.achwo.de

Verkehrsverein Osthofen
Friedrich-Ebert-Str. 9
67574 Osthofen
Tel: 0 62 42/20 70
Fax: 0 62 42/91 53 92
E-Mail: loewenapo@t-online.de

Verkehrsverein Südlicher Wonnegau e.V.
Hauptstr. 87
67590 Monsheim
Tel: 06243/905818
Fax: 06135/7738
E-Mail: info@suedl-wonnegau.de
Internet: www.suedl-wonnegau.de

Führungen

Kräuterführungen:
Siefersheimer Kräuterhexen, erster und dritter Sonntag im Monat in Siefersheim, Treffpunkt Dorfmitte, Tel: 06703/665
Tage der offenen Gärten, regelmäßige Führungen ab Mai, Ort und Termine: Tel: 06132/44170
Seebach-Mühlenweg, geführte Wanderungen Mai–Oktober, am zweiten Sonntag im Monat, Rathaus Osthofen, 11 Uhr. Anmeldung, Tel: 06242/500434, E-Mail: stadtosthofen@osthofen.de
Jakobs-Pilgerweg: Geführte Wanderungen und Erlebnisprogramme auf den Spuren der Jakobspilger, Arbeitskreis Pilgerweg, Tel: 06241/954856, E-Mail: pilgerK@web.de
Umlanderkundungen: Geographie für Alle e.V., Tel: 06131/3925145, E-Mail: info@geographie-fuer-alle.de
Walderlebnispfad Binger Wald: Forstamt Bingen, Tel: 06721/30590
Wein-Kultur-Wanderungen rund um Alzey: „Wingertshäuschenwanderung“, „Weinbau und Geologie in Weinheim“, mit kundiger Begleitung durch Winzer und Weinprobe, Alzeyer Wingertsleut, Tel: 06132/441717

Lehrpfade

Binger Stadtwald: siehe Tourist Information Bingen
Weinlehrpfad Bodenheim: siehe Verkehrsverein Bodenheim
Geoökologischer Lehrpfad Gau-Algesheim: siehe Stadtverwaltung Gau-Algesheim

Ökologischer Lehrpfad Guntersblum: Wasserversorgung Rheinhessen, Bodenheim, Tel: 0 61 35/73 55
Erlebnispfad Jungaue, Ingelheim: Naturschutzgruppe Ingelheim e.V., Tel: 0 61 32/8 66 00
Pflanzenlehrpfad Wörrstadt-Rommersheim: Tel: 0 76 32/6 28 60
Weinlehrpfad Guntersblum: siehe Verkehrsverein Guntersblum
Weinlehrpfad Spiesheim: Ortsgemeinde Spiesheim, Tel: 0 67 32/12 23
Via-Vinea, Wein-Erlebnispfad am Wißberg bei Sprendlingen im Naturschutzgebiet: Picknickzone, Barfußspirale, Grabungsstelle für Muscheln und Schnecken aus dem Tertiär, ab Frühjahr, Tel: 01 70/7 85 87 53
Weitere Informationen bei der Rheinhessen-Information GmbH

Personenschifffahrt

Personenschifffahrt Nikolay
Fährhaus am Rhein
Rheinstr. 40
55257 Budenheim
Tel: 0 61 39/3 78
Fax: 0 61 39/23 39
Internet: www.schifffahrt-nikolay.de
Personen- und Fahrradfähre: nur Sommerbetrieb, jeweils nur an Sonn- und Feiertagen

Bingen-Rüdesheimer Fahrgastschifffahrt
Rheinkai 10
55411 Bingen
Tel: 0 67 21/1 41 40
Fax: 0 67 21/1 73 98
E-Mail: Bingen-Ruedesheimer@t-online.de
Internet: www.bingen-ruedesheimer.com
Ganzjährige Auto- und Personenfähre

Rheinfähre Landskrone GmbH Nierstein
Am Fahrt 1
55283 Nierstein
Tel: 0 61 33/51 95
Fax: 0 61 33/4 82 53
E-Mail: info@faehre-nierstein.de
Internet: www.faehre-nierstein.de
Ganzjährige Auto- und Personenfähre

Fahrradverleih

Fahrräder können Sie in den meisten Fahrradshops leihen, weitere Auskünfte gibt die Rheinhessen-Information GmbH

Fahrradverleih im Weingut Fritz Hofmann
Flonheimer Str. 20
55232 Alzey
Tel: 0 67 31/83 06
Fax: 0 67 31/94 84 70
E-Mail: Weingut-Hofmann@gmx.de
Internet: www.Weingut-Fritz-Hofmann.de

Neben Fahrradverleih auch Angebot von geführten Radwanderungen mit anschließender Vesper und Weinprobe

Deutsche Bahn, Radfahrer Hotline: Tel: 0 18 05/15 14 15
(gebührenpflichtig)
Infos rund um Bahn und Bike

Literatur

Rheinhessen – Kultur und Geschichte im Hügelland zwischen Worms, Bingen, Mainz und Alzey, Volker Gallé, Verlag Stefan Kehl, Hamm am Rhein 2004

Rheinhessen für Groß und Klein, Natur, Kultur und Abenteuer für die ganze Familie, Stefanie Jung, Leinpfad Verlag 2004

Lust auf Rheinhessen. Die 100 besten Rezepte von rheinhessischen Weingütern, Leinpfad Verlag 2003

Kartenmaterial

Radwandern in Rheinhessen. Von Mainz bis Worms zwischen Rhein und Reben, Maßstab: 1:50 000, Rheinhessen Information e.V.

Mainz und Rheinhessen, Topographische Karte im Maßstab 1:50 000 mit Wander- und Radwanderwegen, Landesvermessungsamt Rheinland-Pfalz

Danksagung

In Rheinhessen gibt es viele engagierte Menschen, die ihre Region mit großer Begeisterung vertreten und viele Projekte in Weinbau und Tourismus initiiert und auf den Weg gebracht haben. Bei meiner Recherche haben mir vor allem die Gespräche und tatkräftige Unterstützung geholfen von Otto Schätzel, Weinbaudirektor vom Dienstleistungszentrum ländlicher Raum in Oppenheim; Bernd Kern, Geschäftsführer und Sonja Ostermayer, Öffentlichkeitsarbeit, Rheinhessenwein e. V.; die Kulturbotschafterin und Referentin Marlene Jacobi-Ewert und die Önologin Dr. Ute Michalsky. Darüber hinaus habe ich besonders die Begegnung, die Gespräche und Bestärkung des erfahrenen Weinexperten Dr. Hans Ambrosi geschätzt. Vor allem bedanke ich mich auch für das Vertrauen, die Zeit und die Gastfreundschaft aller Winzer, die mir über die Gespräche Einblick gewährt haben in ihre Arbeit und hinter die Kulissen des Weinbaus.

Bildnachweis

Zum alten Zollhaus: Seite 60, 62.
Alter Vater Rhein: Seite 64, 66.
Dirk Würtz: Seite 100, 102.
Espenhof: Seite 172, 174.
Ginger Snaps: Seite 11, 13, 16, 19, 21, 23, 25, 36, 38, 49, 81, 92, 106, 111, 148, 168, 183, 190, 203, 204, 210, 225, 230.
Hilgardishof, Bingen-Büdesheim: Seite 222.
Joachim Ott, Emmendingen: Seite 52, 54.
Kühling-Gillot/Werner Feldmann, Bodenheim: Seite 43, 44, 46.
Kurt L. Mayer: Seite 226.
Landgasthof Engel, Faber & Partner, Düsseldorf: Seite 216, 219.
Landhaus am Heidenturm: Seite 132, 134.
Metzlers Gasthof: Seite 180.
Monika Becht: Seite 33, 35, 57, 69, 72, 77, 89, 99, 115, 118, 120, 125, 126, 131, 136, 137, 147, 161, 165, 178, 179, 197, 201.
Restaurant Weingewölbe: Seite 142, 144.
Rheinhessen-Information, Werner Feldmann, Bodenheim: Seite 73, 184.
Rheinhessenwein e. V., Alzey: Seite 29, 86, 154, 163.
Schloss Sörgenloch: Seite 70, 74.
Tourist-Information Bingen: Seite 27, 199.
Weingut Dautermann: Seite 212.
Weingut Jean Buscher: Seite 90, 95.
Weingut Milch: Seite 116.
Weingut Wagner-Stempel/Jörg Sänger: Seite 166, 185.
Zum Schwanen: Seite 138, 141.

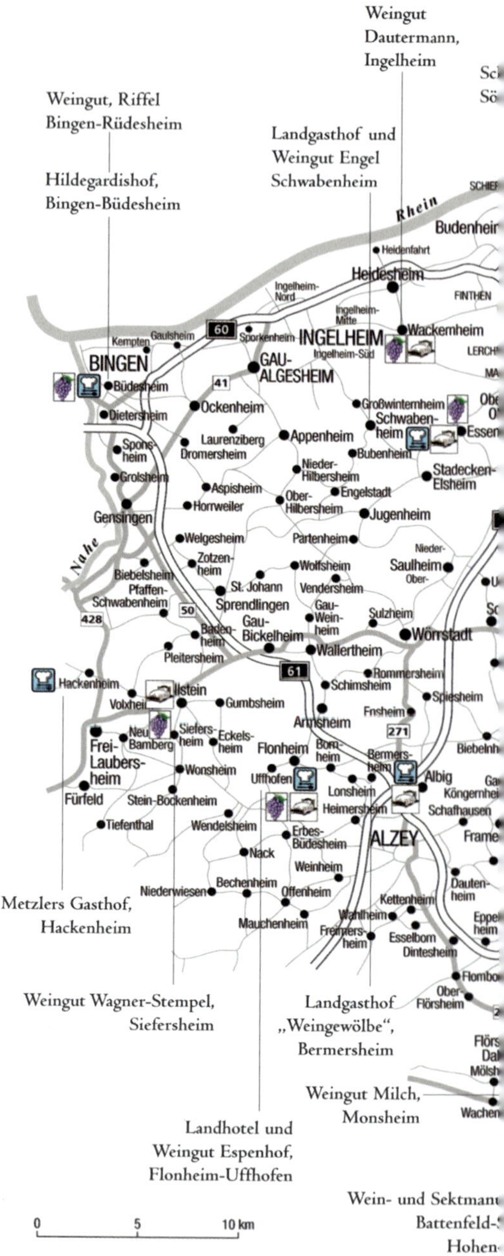

Das Anbaugebiet von Rheinhessenwein.